하나님의 선물

방언의 숨겨진 비밀

하나님의 선물,
방언의 숨겨진 비밀

초판 1쇄 발행 2014. 8.29
초판 7쇄 발행 2024. 11. 1

지은이 에스더 권
펴낸이 예수사랑선교회
북디자인 공간42 이용석

펴낸곳 도서출판 십자가사랑
등록번호 제 214-93-24689호
ISBN 979-11-953406-0-6

책 값 뒤표지에 있습니다.

잘못 만들어진 책은 교환해 드립니다.

하나님의 선물

방언의 숨겨진 비밀

에스더 권 지음

십자가사랑

"내가 달려갈 길과 주 예수께 받은 사명 곧 하나님의 은혜의 복음을
증언하는 일을 마치려 함에는 나의 생명조차 조금도 귀한 것으로
여기지 아니하노라" (행 20:24)

이 책의 모든 수익금은
오직 하나님 나라의 확장을 위해서만
사용될 것임을 하나님 앞에 서원합니다.
이 서원의 증인은 하나님이십니다.
모든 영광 홀로 받으소서.
예수님 이름으로 기도 드립니다.

아멘!

프롤로그

나는 멕시코를 섬기고 있는 선교사입니다. 선교사라 소개하기에는 너무나 부족한 사람입니다. 오늘도 멕시코의 죽어가는 영혼에 대한 사랑을 부어 달라고 기도합니다. 예수님의 뜨거운 심장과 눈물로 멕시코의 죽어가는 영혼을 품게 해 달라고 부르짖습니다. 그러나 여전히 나의 부족함과 연약함만을 보게 됩니다.

나보다 나를 더 잘 아시는 하나님께서 기도의 도구인 방언을 선물로 주셨습니다. 말 벗 하나 없는 낯선 멕시코 땅에서 외롭지 말라고 하나님께서 방언을 선물로 주셨습니다. 내게 있어 방언은 하나님과 소통하는 무전기입니다. 하지만 주파수가 잘 맞지 않으면 무전기는 무용지물이며 전혀 소통할 수가 없습니다. 그러하기에 기도의 주파수를 오직 하나님께만 맞춰놓고 오늘도 믿음으로 나아갑니다.

최근 주님께서 기도 가운데 "방언기도에 대한 책을 내라" 말씀하셨습니다. 방언과 영의 세계를 열어주신 목적이 바로 이 책을 내기 위함이라고 하셨습니다.

지금부터 방언으로 기도하면서 경험했던 방언의 숨겨진 비밀들을 하나하나 나눌 것입니다. 부디 열린 마음으로 하나님의 선물, 방언의 숨겨진 비밀들을 함께 나눌 수 있기를 두 손 모아 간절히 기도해 봅니다.

2014년 8월
행복한 선교사, 에스더 권

목 차
C·O·N·T·E·N·T·S

Part 1
하나님의 선물, 방언

1장
방언은 하나님의 선물

"하나님 도와주세요! 하나님! 살려 주세요!!"

죽을 것 같은 고통스러운 현실 때문에 나는 이렇게 하나님께 울부짖었습니다.

인생의 전반기를 보냈던 한국을 뒤로한 채 낯선 이국 땅 멕시코로 이민을 가게 되었습니다. 남편은 멕시코에 먼저 가서 정착하고 있었던 상황이었습니다.

이민을 준비하면서 새로운 환경에 대한 두려움도 있었지만, 사실 기대감이 더 컸습니다. 한국에 남은 가족과 직장 동료들과의 헤어짐은 아쉬웠지만, 설렘으로 멕시코행 비행기에 몸을 실었습니다. 이민과 함께 내 인생의 제 2막이 시작된 것입니다.

　낯설고 물설은 이국의 땅이었지만 서서히 정이 들었고, 시간이 지나면서 익숙해지기 시작했습니다. 인간은 망각의 동물이라고 하더니 어느새 멕시코에 적응해 가고 있었습니다.

　그러던 중 낯선 땅 멕시코에서 어려운 시련의 시간이 나에게도 찾아왔습니다.

　인생을 살아가면서 가장 힘들고 어려울 때가 언제일까요?

　어떤 사람들은 돈이 없을 때라고 말할 것입니다. 어떤 사람들은 건강을 잃었을 때라고 말할 것입니다. 자녀의 문제라고 말하는 사람도 분명 있을 것입니다. 사람마다 힘들고 어렵게 하는 여러 가지 문제들이 있을 것입니다.

　나에게도 역시 삶의 역경이 찾아왔습니다.

　이국 땅에서 만났던 가장 친했던 친구로부터의 배신과 모욕이었습니다. 아마도 내가 부족해서 이런 일이 생겼을 것입니다. 그러나 그때 당시 나에게 그 사건은 너무나 큰 충격으로 다가왔습니다. 그 일로 인해 말로만 듣던 우울증의 증상들이 나타나기 시작한 것입니다. 마치 벌레가 나뭇잎을 조금씩, 조금씩 갉아 먹듯이 내 삶이 서서히 무너져가기 시작했습니다. 그 충격으로 잠을 잘 수가 없었습니다. 제대로 먹을 수도 없었습니다. 가슴에 박힌 상처는 나를 잠들지 못하게 했습니다. 늦은 밤, 풀벌레 소리만이 나를 위로해 주는 것 같았고, 아무도 나를 알아주는 사람이 없는 것 같았습니다. 사랑하는 남편이 위로하며 늘 옆에 있어 주었지만, 가슴에 박힌 비수는 빼낼 수가 없었습니다.

시간이 지나면서 배신에 대한 충격은 서서히 분노로 바뀌기 시작했습니다.

"어떻게 그렇게 믿었던 사람이 나한테 그럴 수 있어!!"

나는 점점 분노의 사람으로 바뀌고 있었습니다. 운전을 하다가도 치밀어 오르는 분노를 견디지 못하고 경적을 "빵빵! 빵!!!" 울려댔습니다. 설거지를 하다가도 분노가 일어나면 그 자리에 털썩 주저앉아 통곡하기가 일쑤였습니다.

이민에 대한 기대감과 설렘이 분명 있었습니다. 그런데 어느 순간 기대감과 설렘은 사라졌고, 향수병과 함께 우울증은 나를 더 깊은 수렁으로 빠뜨리고 있었습니다. 견딜 수 없는 분노, 우울증은 나를 이제 대인기피증으로 밀어 넣었습니다. 사람들이 모여 있는 곳을 갈 수가 없게 된 것입니다. 사람들 모두가 나를 비난하고 모욕할 것 같아 두려웠습니다. 점점 사람들의 시선이 두려워졌습니다. 한국에서 직장을 다닐 때는 수많은 사람들 앞에 설 때에도 전혀 떨지 않았던 내가 이제 그 시선이 두려워 어둠의 터널로 숨어버리게 된 것입니다. 서서히 죽음의 그림자가 내 삶을 지배하기 시작했습니다.

내가 열 살 되던 해부터 우리 집에는 죽음의 그림자가 늘 드리워져 있었습니다. 불과 7년 만에 사랑하는 여섯 명의 가족 중 세 명이 자살을 했기 때문입니다. 이러한 죽음의 저주가 우리 가족을 뒤덮고 있었기 때문에 자라면서 그 저주에서 빠져 나오려고 애를 썼습니다. 더 밝게 살려고 했고, 작은 일에 더 기뻐하려고 노력했습니다. 그래서 그런지 성인이 되었을 때는 죽음의 저주에서 벗어난 듯 했습니다. 특별히 결혼과 자녀 출산은 내 삶에 회복을 가져다 주었습니다.

그러나 낯선 땅에서 믿었던 사람으로부터의 배신과 모욕, 관계의 실패는 나를 더 깊은 나락으로 떨어뜨렸습니다. 그 순간 후부터 내 안에 상처로 잠재되어 있었던 죽음의 그림자가 나를 점령하기 시작했습니다. 살기 위해 몸부림칠수록 더 깊은 수렁으로 빠져 드는 것 같았습니다. 아무도 건져 낼 수 없는 완전한 암흑 가운데 갇힌 것 같았습니다.

이런 고통스러운 현실이 나를 짓누를 때 내 영혼이 통곡하며 하나님께 울부짖었습니다.

"하나님 도와주세요! 하나님! 살려 주세요!!"

성경을 보면 이스라엘 백성들이 울부짖었던 모습이 나옵니다. 모세를 따라 이집트를 탈출했지만 꿈에 부푼 그들이 도착한 곳은 다름 아닌 막다른 골목이었습니다. 희망과 설렘으로 이집트를 달려 나왔지만 얼마 되지 않아 죽음의 상황에 내몰린 것입니다.

뒤에는 이집트의 바로 왕이 죽일 듯 달려오고 있었고, 앞에는 홍해가 가로 막고 있었습니다. 사방을 둘러봐도 피할 곳이 전혀 없는 진퇴

양난의 상황이었습니다. 그때 이스라엘 백성들은 두려움으로 울부짖었습니다. 새로운 삶에 대한 기대와 설렘이 어느새 두려움과 공포로 바뀌진 것입니다.

이렇게 이스라엘 백성들이 두려움으로 울부짖을 때 한 노인이 홍해 앞으로 걸어 나갔습니다. 바로 모세였습니다. 모든 사람들이 아무런 희망을 찾지 못해 좌절하고 낙심하고 있을 때 모세는 일어섰습니다. 그리고 믿음의 발걸음으로 홍해 앞에 섰습니다. 그리고 눈을 들어 하나님을 바라보았습니다.

절망의 나락에 빠져 죽음의 늪에서 허우적거릴 때, "하나님 도와주세요! 하나님! 살려 주세요!!" 나는 이렇게 부르짖었습니다. 이 부르짖음에 하나님은 나에게 손을 내미시기 시작했습니다.

어느 날 갑자기 성경책을 보고 싶다는 생각이 들었습니다. 기도하고 싶다는 생각도 들었습니다. 그 순간 잊고 있었던 하나님이 불현듯 생각났습니다. 하나님을 생각하니 나도 모르게 눈물이 주르륵 흘러 내렸습니다. 이전에 단 한 번도 경험해 보지 못한 느낌이었습니다.

서서히 성경의 감동이 내 삶에 다가오기 시작했습니다. 성경을 읽는데 꿀 송이보다 더 달게 느껴졌습니다. 마치 성경이 살아 꿈틀거리는 듯 내 심장 속으로 들어오는 것 같았습니다.

성경을 사모하면서 예배 또한 사모하게 되었습니다. 기도를 사모하게 되었습니다. 그때부터 기도모임에 나가기 시작했습니다.

기도모임에 참여해서 다 함께 통성으로 기도하던 중 갑자기 방언이 터져 나왔습니다. 방언이 임하자 심령 깊은 곳에서부터 전율이 일기 시작했습니다. 온 몸이 불덩이처럼 뜨거워지면서 통곡이 저절로 쏟아져 나왔습니다. 함께 기도하던 다른 사람의 시선은 아랑곳하지 않고 울며 불며 방언으로 기도했습니다. 그 순간 강한 성령의 임재가 머리부터 발끝까지 관통하고 있다는 것을 느낄 수 있었습니다.

그러나 이렇게 하나님의 은혜를 체험하고 있었지만, 감정적인 문제들은 여전히 해결되지 않은 채 마음에 앙금이 되어 남아 있었습니다. 이런 이유 때문인지 하나님의 은혜를 체험하고 있는 나에게 어둠의 악한 세력들의 공격이 시작되었습니다.

악한 영들의 형체가 보였습니다. 악한 영들의 소리가 들렸습니다. 악한 영들은 나의 귀에 대고 이렇게 소리를 질러댔습니다.

'죽어라! 죽어라! 죽으면 편하다! 죽으면 아무것도 없다!'

수십 년간을 누르고 있었던 죽음의 저주가 다시 살아났습니다.

'우리 아버지가 이렇게 죽어갔구나. 우리 두 오빠가 이렇게 죽어갔구나'

악한 영들은 내 귀에 대고 '죽어라! 죽어라!'를 연신 외쳐대고 있었습니다. 너무나 무섭고 두려워 기도할 수조차 없을 정도였습니다. 온통 어둠만이 가득했기에 그 순간 하나님을 찾을 수조차 없었습니다. 목이 조여 오는 것 같았습니다. 죽을 것만 같았습니다.

악한 영들의 소리가 들리고 보이니 이제는 헛소리까지 하기 시작했습니다. 수렁에 빠진 것 같이 허우적대며 혼잣말을 하고 있는 나를 보고 놀란 남편은 교회 목사님께 전화를 걸었습니다. 목사님과 성도 여덟 분이 심방을 오셨습니다. 생각했던 것보다 심각한 상태를 보고 기도하기 시작했습니다. 하나님께 울부짖으며 살려달라고 기도하기 시작했습니다. 정신이 혼미한 상태에서도 성도들의 기도소리가 들리니 잠시 잠깐 깨어나는 것 같았습니다. 그러나 지옥과 같은 섬뜩한 느낌과 형상들은 여전히 사라지지 않았습니다. 결국 극심한 충격으로 심장에 피가 고여 위험한 지경까지 이르게 되었습니다.

이렇게 내 영혼이 서서히 죽어가고 있을 때 주님의 음성이 내 가슴에 파고들었습니다.

"내가 너를 고아처럼 홀로 두지 않으리라. 딸아. 내가 너에게 선물로 준 방언으로 기도하여라."

이 음성이 어디서부터 나온 음성인지는 알 수 없습니다. 내 안의 성령님의 음성이었는지, 외부로부터 온 음성이었는지 알 수 없습니다. 그러나 분명한 것은 그 음성 속에 강력한 힘이 있었다는 것입니다. 그 음성을 붙잡지 않는다면 내가 정말로 죽을 수도 있다는 생각이 들었습니다.

그 음성을 듣자마자 그 즉시 방언으로 기도하기 시작했습니다. 두려움과 공포가 밀려올 때마다 무조건 방언으로 기도했습니다. 내 안에 공포의 마음이 들어올 때마다 나도 모르게 방언이 터져 나왔습니다. 하루 종일, 매일매일 방언으로 기도했습니다. 목에 염증이 생기고 피가 났지만 나는 살기 위해 방언으로 기도했습니다. 도저히 기도를 멈출 수가 없었습니다. 방언으로 기도하는 것을 멈추면 악한 영들이 나를 죽일 것만 같았습니다. 그런데 신기하게도 방언을 할 때에 그 즉시 두려움이 사라지면서 곧바로 평안이 임했습니다.

"딸아. 내가 너에게 선물로 준 방언으로 기도하여라."
주님의 이 음성이 너무나 강렬했기에 나는 방언을 멈출 수가 없었습니다. 그런데 방언으로 지속적으로 기도하다보니 놀라운 하나님의 영적인 선물들이 쏟아지게 되었습니다. 두려움 때문에 방언기도를 쉬지 않고 했지만, 방언의 통로로 인해 영적인 놀라운 것들이 부어지기 시작한 것입니다.

나는 방언으로 기도할 때 영적인 세계에서 놀라운 일들이 벌어진다는 것을 영의 눈으로 보았습니다.
방언은 영의 기도이며 영의 언어이므로, 육의 언어로는 그 현상을 가히 표현할 수가 없습니다. 방언은 사랑하는 자녀에게 주시는 하나님 아버지의 놀라운 선물입니다. 비록 알아듣지 못하는 방언일지라도 그 안에 하나님의 사랑과 깊은 영적인 비밀이 숨겨져 있습니다.

1. 방언의 유익

1) 방언은 회복의 언어입니다.

회복의 의미

방언을 하고 있는 성도조차도 방언의 유익을 알지 못한 채 습관적으로 기도하고 있는 경우가 많습니다. 하지만 방언 안에는 놀라운 영적인 비밀들이 숨어 있습니다.

먼저 방언은 회복의 언어입니다. 회복의 사전적 의미는 '원래의 좋은 상태로 되돌리거나 원래의 상태를 되찾는 것'입니다. 기독교적 의미로 회복이란 하나님 안에서 그분의 자녀로서의 신분과 정체성을 회복하는 것입니다.[1] 하나님 안에서 자유하며(요 8:32), 하나님의 사랑을 온전히 누리는 것(요 15:9)이 바로 회복된 모습입니다. 아울러 하나님께서 우리의 창조주이시며(창 1:26) 우리를 위해 이 땅을 지으셨으며(창 1:28), 우리를 구원하기 위해 예수 그리스도를 보내셨다는 것을 믿는 것입니다(고전

---

1) 우리는 하나님의 자녀이며 하나님은 우리의 아버지 되십니다. 또한 우리는 하나님께 '양자의 영'을 받아 그분의 양자로 입양되었습니다. 우리의 신분이 하나님의 자녀이므로 하나님을 '아바 아버지'라고 당당하게 부를 수 있는 것입니다(롬 8:15). 그런데 언제부터인가 우리는 하나님의 자녀로서의 정체성과 권세를 잃어가고 있습니다.

1:30). 이것이 온전한 회복[2]이며 우리의 원래의 상태를 되찾는 것입니다.

하나님께서 이러한 회복을 꿈꾸시며 기대하시는 이유가 있습니다.

그것은 우리가 회복될 때 하나님의 나라(천국)에 들어갈 수 있는 자격이 주어지기 때문입니다. 물과 성령으로 거듭나서 회복된 하나님의 자녀만이 하나님의 나라에 들어갈 수 있기 때문입니다(요 3:5). 또한 우리가 회복되어 하나님 안에 거하게 될 때 우리가 하나님 나라의 확장을 위해 사용될 수 있기 때문입니다.

방언은 영혼육의 회복의 열쇠

이미 앞에서 나누었듯이 '방언으로 기도하라'는 주님의 음성을 듣고 방언으로 기도하기 시작했습니다. 두려움과 공포가 밀려올 때마다 무조건 방언으로 기도했습니다. 그런데 신기하게도 방언으로 기도하자 두려움이 점점 사라져 갔습니다.

방언으로 기도하면서 영안이 열려 놀라운 영적인 일을 보게 되었습니다. 방언으로 기도하자 눈앞에 서성거리던 악한 영들이 저만치 뚝 떨어져 내동댕이쳐지는 것이었습니다. 방언으로 기도하자 기도가 불화살이 되어 악한 영에게 꽂히는 것이었습니다. 어떤 악한 영은 혼비백산되

---

2) 우리가 예수 그리스도로 말미암아 거듭나고, 우리의 죄성이 예수 그리스도의 보혈로 씻겨짐으로 하나님의 자녀로서의 사명과 권세를 되찾아 승리하는 삶을 사는 것이 하나님께서 기대하시는 온전한 회복의 모습입니다(벧전 1:2).

어 줄행랑을 쳤습니다. 심지어 방언으로 기도할 때 악한 영들이 녹아지는 모습까지 보였습니다.

내가 한 것은 오직 방언으로 기도한 것뿐이었습니다. 방언으로 기도한지 한 달 정도가 지났을 무렵 더 이상 영적인 존재는 내 눈앞에 보이지 않게 되었습니다. 내 삶 속에서 온전하게 치유가 일어난 것입니다. 뿐만 아니라 열 살 때부터 나를 따라다녔던 죽음의 저주로부터도 해방되었습니다. 방언으로 기도하면서 피가 고여 위험했던 심장도 회복되었습니다. 우울증세도 회복되었고 불면증도 감쪽같이 사라졌습니다. 심지어 나를 모욕하며 배신했던 사람을 다시 만났을 때는 긍휼과 사랑의 마음이 들었습니다. 예수님의 사랑으로 그 사람을 용서하며 안아줄 수 있는 용기가 생긴 것입니다. 절망의 늪에서 하나님만 바라보며 방언으로 부르짖었을 때 하나님께서 나의 많은 것들을 온전하게 회복시켜 주셨습니다.

나에게 있어 방언은 실로 놀라운 회복의 열쇠였습니다. 치유의 열쇠였습니다. 방언을 통해 하나님 안에서 자유하며, 안식하며, 영혼육이 회복되었습니다. 이러한 회복의 과정이 있었기에 하나님께서 선교사로 부르셨을 때 기꺼이 감사하며 순종할 수 있는 마음이 생겼던 것입니다.

이렇듯 영의 기도인 방언은 회복의 열쇠입니다. 회복의 언어인 것입니다. 우리의 영을 회복하며, 죽어가는 육신을 회복하며, 일상 가운데 황충이 흔드는 것도 막을 수 있습니다. 또한 우리의 삶터 가운데 복음을 전할 수 있도록 우리의 영을 강건하게 무장시킵니다. 이 모든 것이 회복의 통로인 방언 기도로부터 비롯되는 것입니다.

그렇다고 육성(마음)으로 기도하는 것이 부족하다 말하는 것은 아닙니다. 하나님께서는 우리의 신음소리조차도 다 듣고 계십니다(출 6:5). 머리털 하나까지도 세시는(눅 12:7) 하나님께서 우리의 일거수일투족을 바라보고 계시며(욥 34:21) 눈동자처럼 지키시고 계십니다(신 32:10). 하나님께서는 방언기도 뿐만 아니라 육성의 기도 또한 모두 응답하십니다. 하지만 회복적인 측면에서 본다면 육성의 기도는 '혼의 회복'을 가져옵니다. 그러나 방언은 영의 기도이므로 우리의 '영의 회복'을 가져옵니다.

2) 방언은 섬김의 언어입니다.

방언은 섬김의 언어입니다. 방언 기도의 많은 부분들이 중보로 이루어져 있기 때문입니다. 중보는 타인을 향한 섬김입니다. 중보는 나를 위한 기도가 아니며, 다른 이들을 위한 사랑의 표현이기 때문입니다. 그래서 방언 기도는 중보의 영역을 통해 섬김의 언어가 되는 것입니다.

남편은 한국에 있었을 때 대학에서 불문학을 가르치던 교수였습니다. 그러던 중 하나님의 강권적인 개입하심으로 늦은 37살에 치대에 입학하게 되었고 지금은 치과의사로서 멕시코를 섬기는 의료선교사가 되었습니다. 멕시코를 너무나 사랑한 남편은 국적도 멕시코로 바꿨습니다. 나 역시 부족하지만 하나님이 너무 좋아 신학을 하게 되었고 지금은 주님의 종이 되었습니다.

이미 앞에서 나누었지만 방언으로 기도하며 회복되면서 하나님의 부르심에 순종할 수 있는 용기가 생겼습니다. 방언으로 기도할 때 레마의 말씀으로 주님께서 "네가 나를 사랑하느냐, 내 양을 치라, 내 양을 먹이라" 하셨을 때 주저함 없이 주님의 종의 길을 선택하게 되었습니다. 남편 또한 사경을 헤매던 부인이 완전하게 회복되는 모습을 보며 의료선교사로 부르시는 하나님의 음성에 순종할 수 있었습니다.

우리의 활동무대는 멕시코 전 지역입니다. 남편은 의료로, 나는 미용으로 멕시코 전역을 다니며 선교를 합니다. 주로 현지 기독교 의사선교회와 연합하여 복음이 미치지 않는 오지를 찾아가 예수님의 사랑과 복음을 전합니다. 때때로 멕시코에 파송된 한인 선교사들과 협력선교를 하기도 합니다.

하나님께서 신교사로 부르신 후 멕시코의 지경을 품고 날마다 기도하게 하셨습니다. 멕시코는 제 2의 조국입니다. 기도할 때마다 멕시코를 더욱 사랑할 수 있는 마음을 부어 주셨습니다. 방언으로 기도할 때마다 주님께서 "사역의 성취보다 내가 보낸 이 땅에서 네가 기도하며 복음을 전하는 삶을 살아가는 것이 더 중요하단다"라고 말씀하셨습니다. 하나님께서 이 땅을 위해 중보하며, 이 땅에서 살아가는 것이 바로 선교사의 삶이며 섬김이라 하셨습니다.

멕시코 땅을 향한 나의 부르심은 바로 기도였습니다. 뜨거운 이 멕시코 땅에 하나님의 나라가 도래하기만을 날마다 기도합니다. 이 땅에서의 나의 사명은 기도이며 특별히 성령님의 마음을 품고 기도하는 방언기도인 것입니다. 주님께서 나의 방언 기도가 바로 이 땅을 향한 섬김이라 하셨습니다.

3) 방언은 사랑의 언어입니다.

세상에서 가장 행복한 순간이 언제냐고 묻는다면 한 치의 망설임 없이 진료가방을 든 남편과 선교 여행할 때라고 말할 수 있습니다. 가난하고 소외되어 복음이 절실히 필요한 이들의 머리카락을 잘라주며 예수님의 사랑을 전하는 순간을 감히 그 무엇과 비교할 수 있을까요? 예수님의 이름과 복음이 선포되는 선교지에 치유와 회복과 생명이 있기에 그곳이 가장 행복한 장소입니다.

또한 선교지는 하나님께서 친히 남편과 데이트하라고 제공하신 장소입니다. 하나님께서 보내주신 지체들을 사랑으로 섬기는 남편이 세상 그 누구보다도 더 멋져 보입니다. 하나님께서 맺어주신 가장 소중한 인연은 바로 하나님 안에서 동역하는 남편인 것입니다. 남편이 진료하는 구석 한편에서 나는 부족한 솜씨지만 사람들의 머리카락을 잘라 줍니다. 복음을 전하며 미용 사역을 한 후 기도해 줍니다. 나는 선교지에서 대부분 방언으로 기도합니다.

얼마 전의 일입니다. 우리 선교지에서 자동차로 13시간 정도 떨어져 있는 곳에 베라크루즈라는 도시가 있습니다. 그 도시에서 선교할 때 열 살 안팎의 지체 장애인 아이가 선교 현장에 휠체어를 타고 찾아 왔습니다. 온 몸이 뒤틀리고 손발이 오그라든 모습이라 아이가 누워있는 상태로 머리카락을 잘라주어야 했습니다. 거의 쪼그려 앉은 자세로 미용사 역을 해야 했기 때문에 여간 힘이 드는 것이 아니었습니다.

어린 나이에 무거운 고통의 짐을 지고 살아야 할 아이를 보니 눈물이 핑 돌았습니다. 그 순간 주님의 마음이 임하며 방언기도가 터져 나왔습니다. 주님께서 방언기도 가운데 "내가 진정으로 사랑하는 딸이다. 육신의 눈으로 보지 말아라. 천국을 소유한 자녀라"라고 말씀 하셨습니다. 순간 잠시나마 힘들다고 생각했던 것을 회개했습니다.

그런데 머리카락을 잘라주고 난후 아이를 붙들고 기도하는데 옆에 있던 할머니가 갑자기 통곡을 하는 것이었습니다. 홀로 어렵게 아이를 돌보던 할머니에게 하나님의 강권적 위로가 임한 것입니다. 하나님께서 할머니의 고단한 삶을 만지시며 위로하셨고 인격적인 하나님을 경험하는 것을 보았습니다. 할머니에게 치유가 임하며 예수님을 진정한 구세 주로 영접하는 순간이었습니다.

선교지에 가면 주로 방언으로 기도하는데 순간순간 주님의 마음이 읽혀집니다. 방언으로 기도할 때 예수님의 마음이 부어져 함께 울어줄수 있는 넉넉한 사랑이 솟아납니다. 내 안에 주님의 사랑이 심겨져 영혼들을 사랑으로 안아줄 수 있도록 강권적으로 이끄십니다. 특별히 방언으로 기도할 때 그 영혼이 진정으로 사랑스러워 보입니다. 방언기도 가운데 주님께서 사랑을 부어 주시며 그들을 위로하기를 원하시기 때문입니다. 이런 연유로 나는 방언은 사랑의 언어라고 생각하게 되었습니다.

4) 방언은 하늘의 언어입니다.

하나님께서는 우리가 하나님의 자녀로서 권세를 가지고, 하나님의 형상으로 회복되어 능력 있는 삶을 살아가기를 기대하십니다. 우리의 원래의 본질은 하나님의 자녀로서 이 땅 가운데 그 권세를 누리며 살아가는 것입니다(창 1:2-28; 벧전 2:9). 그러나 죄의 문제로 인해 우리는 하나님이 기대하시는 삶을 온전하게 누리지 못하고 있습니다(창 3:6). 하나님은 예수님을 통해 우리의 본질을 회복하길 원하십니다. 그래서 우리가 하나님의 자녀로 회복되어 권세를 가지고 이 세상에서 능력 있는 삶을 살기 원하십니다. 이것이 하나님이 이 땅 가운데 이루시기 원하시는 '하늘의 사명'입니다.

통상 우리는 사명을 생각할 때 이 땅에서의 사명만을 떠올립니다.

사역적인 측면의 사명을 생각합니다. 목사로서, 선교사로서, 집사로서의 직분을 수행하는 일을 먼저 떠올리게 됩니다. 물론 이러한 땅의 사명도 너무나 중요합니다. 그러나 하나님의 자녀로서의 정체성이 회복되어 승리하는 삶을 사는 하늘의 사명 또한 중요한 것입니다. 왜냐하면 하늘의 사명이 회복될 때 하나님의 나라(천국)로 갈 수 있는 통로가 열리기 때문입니다.

이 땅은 잠시 잠깐 머무르는 여행과도 같습니다. 우리의 본향은 천국입니다. 우리의 본향과 하늘의 사명을 망각한 채 땅의 사명만을 치중한다면 귀한 보화를 놓치게 되는 우를 범할 수 있습니다. 무엇보다도 하나님의 자녀로서의 정체성과 권세를 회복하여 땅의 사명을 감당할 때 진정으로 하늘의 사명을 이룰 수 있는 것입니다.

방언은 영의 기도로서 하늘의 사명을 깨닫도록 돕는 기능이 있습니다. 하늘의 사명을 우리의 영안에 각인시키며 깨닫게 하는 것입니다. 땅의 사명은 혼적인 기도를 통해서도 깨달아질 수 있습니다. 하지만 하늘의 사명, 즉 영의 사명은 영의 기도인 방언을 통해 더욱 각인될 수 있는 것입니다. '신령한 일은 신령한 것으로 분별한다'고 성경에 기록되어 있습니다(고전 2:13). 방언은 하늘의 언어로서 하늘의 신령한 것들이 우리의 영안에 풀어질 수 있도록 도와줍니다. 요컨대 하늘의 언어인 방언을 많이 말함으로 하늘의 사명이 깨달아지며 영적인 성장을 도모할 수 있는 것입니다.

5) 방언은 부흥의 언어입니다.

이 땅 가운데 하나님 나라가 어떻게 확장될까요? 먼저는 무릎을 꿇고 기도하는 사람들에 의해 부흥의 물꼬가 터지게 됩니다. 이들의 기도와 헌신을 통해 하나님 나라가 확장되며 무릎의 고통이 부흥의 열쇠가 되는 것입니다.

우리가 알지 못하나 무릎으로 부흥을 이끌었던 많은 골방의 사람들이 있었습니다. 하나님께서 이들에게 하나님 나라를 보여주시며, 무릎을 꿇고 기도할 때 열방을 품게 하셨습니다. 하나님께서는 이런 중보자들을 통해 골방에서 이스라엘의 회복을 위해 기도하게 하며 아프리카의 죽어가는 영혼들을 위해 기도하게 하십니다. 골방에서 북한의 순교자들을 위해 기도하게 하시는 것입니다. 이들의 기도를 들으신 하나님이 열방을 열고 사람을 보내며 부흥의 물꼬를 트시는 것입니다. 바로 이런 무릎의 용사들이 부흥을 일으키는 기도의 용사인 것입니다.

기도가 부흥을 이끕니다. 초대교회도 기도를 통해 부흥되기 시작했습니다.

> "여자들과 예수의 어머니 마리아와 예수의 아우들과 더불어 마음을 같이하여 오로지 기도에 힘쓰더라" (행 1:14, 개정)

기도는 부흥의 물꼬를 틉니다. 그러나 방언은 부흥에 불을 붙입니다.

"오순절날이 이미 이르매 저희가 다 같이 한 곳에 모였더니 홀연히 하늘로부터 급하고 강한 바람 같은 소리가 있어 저희 앉은 온 집에 가득하며 불의 혀 같이 갈라지는 것이 저희에게 보여 각 사람 위에 임하여 있더니 저희가 다 성령의 충만함을 받고 성령이 말하게 하심을 따라 다른 방언으로 말하기를 시작하니라… 그레데인과 아라비아인들이라 우리가 다 우리의 각 언어로 하나님의 큰 일을 말함을 듣는도다 하고 … 그 말을 받은 사람들은 침례를 받으매 이 날에 신도의 수가 삼천이나 더하더라" (행 2:1-4, 11, 41개정)

　　오순절날 마가다락방에 모인 120문도에게 임한 성령의 첫 증거가 무엇이었습니까? 4절 말씀에 언급된 대로 성령 강림의 첫 증거는 바로 방언이었습니다. 덧붙여 사도행전 2장 11절 말씀에 '우리가 다 우리의 각 방언으로 하나님의 큰일을 말함을 듣는도다'라고 기록되어 있습니다. 천하각국으로부터 와서 예루살렘에 머물러 있었던 유대인들은 첫 성령강림의 현장을 간접적으로 목격하며 경험한 것입니다. 방언으로 '하나님의 큰 일'을 말하는 것을 듣고 돌아간 유대인들이 각자의 처소에서 교회 부흥의 강력한 동인 역할을 하게 된 것입니다.

　　이렇듯 교회는 오순절 마가다락방에 임했던 강한 성령강림으로 탄생되었습니다. 성령의 역사와 임재가 풍성한 곳에 방언이 나타났으며 이것이 부흥의 동력을 제공했다는 것을 기억해야 합니다.

2. 방언의 주체 : 성령님과 나의 영

"저희가 다 성령의 충만함을 받고 성령이 말하게 하심을 따라 다른 방
언으로 말하기를 시작하니라" (행 2:4, 개역)

방언의 주체는 성령이시며, 우리의 영이 성령 안에서 함께 기도하는
것입니다. 방언의 주체가 성령이라는 성경적 근거는 사도행전 2장 4절
말씀입니다. 오순절날 마가다락방의 첫 성령강림의 역사적 사건의 목격
자인 120문도는 '성령이 말하게 하심에 따라 다른 방언으로 말하기 시
작'했다고 기록되어 있습니다. 방언은 오직 '성령이 말하게 하심에 따라'
말할 수 있는 성령의 언어인 것입니다.

"방언을 말하는 자는 사람에게 하지 아니하고 하나님께 하나니 이는
알아 듣는 자가 없고 영으로 비밀을 말함이라" (고전 14:2, 개정)

또한 방언에 대해 성경은 '영으로 하나님께 비밀을 말함'이라고 기록
하고 있습니다. 우리의 영이 주체가 되어 하나님께 간구하며 소통하며
비밀을 말하고 있는 것입니다.

방언은 성령과 우리의 영이 연합하여 올리는 기도

"이와 같이 성령도 우리의 연약함을 도우시나니 우리는 마땅히 기도할
바를 알지 못하나 오직 성령이 말할 수 없는 탄식으로 우리를 위하여
친히 간구하시느니라 마음을 살피시는 이가 성령의 생각을 아시나니 이
는 성령이 하나님의 뜻대로 성도를 위하여 간구하심이니라" (롬 8:26-
27, 개정)

방언은 성령님과 우리의 영이 주체가 되어 기도하는 것입니다. 성령
안에서 우리의 영혼이 연합한 상태로 하나님께 기도를 올리는 것입니
다. 방언은 성령의 언어이며, 방언의 공급처는 성령이십니다. 무엇보다
도 성령님은 우리를 도우시는 보혜사이십니다. 우리의 영안에 내주하시
며 인도하시며 더 깊은 영역에서 기도할 수 있도록 돕고 계신 성령하나
님이신 것입니다(요 14:16-17).

때로는 성령께서 주체가 되어 직접적인 개입 하에 기도를 인도하시
기도 합니다. 로마서 8장 26절 말씀을 보면 '우리는 마땅히 기도할 바
를 알지 못한다'라고 기록되어 있습니다. 그렇기 때문에 우리는 자신도
모르게 우리의 생각과 감정, 혹은 육체의 소욕과 욕망에 치우쳐 기도할
때가 많습니다. 이러할 때 성령께서 직접적인 도움을 주시며 방언으로
'마땅히 기도할 바'를 인도하시는 것입니다.

또한 심령이 상하고 괴로울 때 성령께서 말 할 수 없는 탄식으로 우리의 마음을 위로하시며 친히 기도를 이끄십니다. 성령님의 주권적 개입 하에 기도할 때 강력한 임재를 느낄 수 있습니다. 이러한 기도를 통해 이루 표현할 수 없는 감격과 눈물이 흐르는 것이며 영혼이 치유되고 회복되는 것입니다. 이것이 온전히 성령 안에서 연합하여 기도할 때(엡 6:18) 누릴 수 있는 유익입니다.

2장
방언의 성숙
― 단계별 방언의 성숙 ―

1단계
씨앗의 단계 : '처음 받은 방언' (어린 아이와 같은 방언)

방언을 말할 때는 우리의 생각과 지식으로 말하는 것이 아니라 오직 영으로 하나님께 비밀을 말하는 것입니다(고전 14:2). 그래서 우리는 방언을 알아듣지 못합니다. 이해하지도 못합니다. 비록 우리가 알아듣지 못하는 방언이지만 이 방언에는 성숙의 단계가 있습니다. 발전하고 성장하며 열매 맺는 단계가 있는 것입니다. 이제부터 이 방언의 성숙에 대해 함께 말씀을 나누고자 합니다.

혹시 방언을 처음 받으셨나요? '랄랄랄라'하며 방언을 하시나요?

때로, 같은 음절이 반복되는 방언을 하면서 '내 방언이 하늘의 언어인가?'라는 의심이 들 때는 없었나요? 옆에서 유창하게 방언하는 사람들의 기도 소리를 들으면서 자신의 방언이 하찮은 방언처럼 느껴지지는 않았나요?

그러나 처음 방언을 받았을 때 그것이 하찮은 방언처럼 느껴질지라도 이 방언에는 놀라운 영적인 비밀들이 내포되어 있습니다.

'랄랄랄라'하는 방언을 하찮게 여길지 모르지만 우리가 이 방언으로 기도할 때 우리의 영에 보호막이 쳐지는 영적인 권세가 숨겨져 있습니다. 이런 초기 단계 방언 안에 우리의 영을 보호하는 놀라운 영적인 능력이 숨어 있는 것입니다.

또한 이 단계에서는 성령께서 우리 안의 상처나 악한 영의 억눌림 등을 제거하는 영의 정화작업이 숨겨져 있습니다. 우리의 영을 성령님의 거룩한 성전으로 만들기 위해 성령님이 방언 초기 단계 때 이러한 일들을 행하시는 것입니다. 아울러 성령님이 이러한 일을 하시는 초기 단계에서는 하나님을 만난 감격으로 눈물[3]과 통곡이 수반되기도 합니다. 하나님의 음성 자체가 영의 갈망을 채워주므로 방언을 할 때 눈물이 나며 통곡이 나오는 것입니다. 많은 사람들이 이런 경험을 하는데 방언의

---

3) 눈물은 강퍅해진 마음을 정화시키며 마음의 독소를 빼내는 하나님의 귀한 선물입니다. 특별히 방언 기도할 때에 흐르는 눈물은 우리의 영을 정화하며 활성화시키는데 큰 도움을 줍니다.

초기 단계에서 흐르는 눈물은 주로 영의 정화나 청소 기능이 강합니다. 반면 방언이 성숙된 단계에서 흐르는 눈물은 하나님의 마음을 받고 감격하며 흘리는 눈물입니다. 방언이 성장되고 성숙될수록 하나님의 음성을 들을 수 있는 통로가 더 열리므로 그로 인해 감격하는 것입니다.

방언의 초기 단계에서 방언기도의 분량을 늘린다면 영이 더 깨어나고 점진적으로 활성화되기 시작합니다. 잠자고 있던 영이 드디어 깨어나 기지개를 펴는 단계라고 이해하시면 됩니다.[4] 이 단계는 갓 태어난 아이가 아장아장 걸으며 세상과 소통하며, 세상을 배워가는 시간에 비유할 수 있습니다. 영도 이와 마찬가지입니다. 우리의 '영은 하나님만이 통치하실 수 있는 하나님의 기관'이기 때문에 성령하나님에 의해 주어진 방언을 통해 지속적으로 기도하게 된다면 영의 활성화가 가속도를 내기 시작하는 것입니다.

영이 활성화될 때 가장 먼저 나타나는 반응은 영의 양식을 섭취하고자 하는 영의 욕망이 점점 커지는 것입니다. 방언은 영의 욕망, 즉 하나님을 향한 갈망을 불일 듯 일어나게 합니다. 방언을 하면 할수록 기도, 찬양, 말씀, 예배의 자리를 사모하게 되며 하나님을 더욱 갈망하고

---

4) 방언을 말하지 않을지라도 영적으로 성숙한 그리스도인이 많습니다. 단지 방언 하나만으로 성령의 내주여부를 판단하는 것은 바르지 못한 견해입니다. 그러나 분명한 것은 영의 기도인 방언은 영을 깨우며 활성화시키는 데 큰 도움을 준다는 것입니다. 설령 수십 년을 신앙생활을 했을지라도 영이 아직 깨어나지 않은 상태라면 영적 성장은 더디게 일어나게 됩니다. 영적 성장은 영이 깨어나면서부터 시작될 수 있기 때문입니다. 우리의 영이 기지개를 펴고 깨어나 성장하는 단계로 돌입하는 것은 신앙생활의 기간과 무관하게 영이 깨어난 순간부터 시작되는 것입니다.

사랑하게 되는 것입니다. 이것이 바로 방언의 초기단계에서 일어나는 영적 변화입니다.

　나의 경우도 마찬가지로 방언이 임한 후 기도와 찬양, 말씀과 예배의 감격이 확연하게 달라졌습니다. 부끄러운 고백이지만 중학교 시절부터 교회를 다녔으나 성경을 한 번도 제대로 읽은 적이 없었습니다. 이뿐만 아니라 하나님께 무릎을 꿇고 간절히 기도를 한 적도 거의 없는 것 같습니다. 친정 오빠가 목사님이니까, 어머니가 신앙공동체의 원장님이시니까 그저 형식적으로 교회를 다녔던 것입니다. 상당기간 동안 '신앙생활은 원래 이렇듯 무미건조한 것이구나'라고 생각했습니다. 나뿐만 아니라 다른 사람들도 이런 형태의 종교생활을 하고 있다고 판단했습니다.

　그러던 중 방언이 임하면서 신앙생활에 큰 변혁이 일어났습니다. 가장 큰 변화는 말씀과 기도, 찬양, 특별히 예배에 대한 갈망이 달라진 것입니다. 그전에는 주일에만 겨우 교회를 출석했으나 방언이 임한 후 가정에서 날마다 기도하며 예배를 드렸습니다. 예배를 드릴 때마다 감격하여 눈물로 성경책을 적셨습니다. 또한 방언으로 기도할 때마다 내 안의 잠재된 더러운 찌꺼기들이 분출되어 올라오는 것을 선명하게 느꼈습니다. 내 안의 상처, 더러운 죄성들이 선명해지고 더욱 뚜렷해졌습니다. 방언을 하면 할수록 내 안의 영적전쟁에 대해 더욱 민감해졌습니다. 때로는 방언으로 영적전쟁을 수행하며, 때로는 하나님 안에서 평온하게 안식하는 단계를 병행하면서 점점 치유되고 회복되어 갔습니다.

초기 단계 방언의 특징들

방언의 소리에 따른 영의 상태

우리는 방언의 소리에 따라 영의 상태를 분별할 수 있습니다. 만약 방언을 하는 사람이 악한 영에게 사로잡혀 있거나 그 영향권 안에 노출되어 있다면 방언 초기에 거친 방언이 나올 수도 있습니다. 방언의 초기 단계에서는 주로 자신의 영혼을 보호하는 기도가 주를 이루게 되는데, 이러한 방언 기도와 악한 영 사이에서 충돌이 일어나기 때문입니다. 영에서 나오는 방언과 육이나 혼에 숨어 있던 악한 영 간에 충돌로 인해 방언이 거칠게 나올 수 있는 것입니다. 그러나 이 단계에서 방언으로 계속 기도한다면 영혼이 정화되며, 거친 방언에서 평온한 방언으로 점차적으로 변화됩니다. 내 안의 영적전쟁에서 승리하게 되므로 우리의 영이 성령 안에서 평정을 찾게 되는 것입니다.

대부분의 경우처럼 나 또한 방언이 처음 임했을 때 거칠게 방언이 나왔습니다. 흡사 누군가와 싸우는 것처럼 거칠게 방언이 나왔습니다. 길거리에서도 거칠게 나오는 방언으로 기도했는데 이를 본 사람들은 아마 나를 미친 사람으로 오해했을 것입니다. 비록 방언은 거칠었지만 내 안에서는 말로 형용할 수 없는 감사와 감격이 쏟아졌습니다. 방언의 거친 소리와는 대조적으로 내면에서는 영적인 풍성함이 있었습니다. 정확히 기억은 못하지만 3개월 이상을 거칠게 나오는 방언으로 기도한 것 같습니다. 시간이 지나가면서 어느덧 평온한 방언으로 바뀌게 되었습니다. 내 안의 영적전쟁이 비로소 잠잠해진 것입니다.

이미 앞에서 나누었듯이 방언과 함께 영적세계가 열렸으므로 계속적으로 기도할 수밖에 없는 상황이었습니다. 악한 영의 존재가 보이며 느껴질 때마다 방언기도가 나도 모르게 터져 나왔습니다. 그럴 때마다 신기하게도 바로 평안함을 되찾았습니다. 방언으로 기도하면 할수록 나의 영이 더욱 민감해지고 있다는 것을 느꼈습니다.

우리의 영이 민감해질 때 영의 존재에 대한 인식도 비례적으로 민감해집니다. 영이 민감해질수록 영의 존재[5]를 더 선명하고 또렷하게 인식하는 것입니다. 영적인 것은 영적인 것으로 분별하게 되어 있습니다(고전 2:13). 이렇게 영이 활성화된다면 방언을 말하는 소리를 통해서도 영의 상태를 성령 안에서 분별하게 되는 것입니다.

영을 보호하는 기도

---

5) 영의 존재를 4분류로 구분합니다. 첫째, 온 우주의 통치자이시며 창조주이신 삼위일체 하나님이십니다. 둘째, 천사입니다. 셋째, 하나님을 대적하는 악한 영(사탄의 세력)입니다. 마지막으로 사람입니다. 사람은 영혼육으로 구성된 존재이지만, 영혼과 육체가 분리된 사망 이후에는 사람 또한 영의 존재가 됩니다. 영원불멸의 영의 존재로서 천국 혹은 지옥에서 영원히 살게 됩니다.

방언의 유익을 경험하고 난 후 시도 때도 없이 방언으로 기도했습니다. 식사를 준비할 때도, 운전을 할 때도, 아이의 기저귀를 갈 때도 무조건 방언으로 기도했습니다. 심지어 꿈에서조차도 방언을 말하는 꿈을 꾸었습니다.

기도는 내 인생에 있어 큰 비중을 차지합니다. 아니 어쩌면 전부일 수도 있습니다. 기도가 내 인생의 전부가 된 이유는 내 삶의 주인 되시는 예수님께서 선교사로 부르실 때 "너의 사명은 멕시코 땅을 향한 중보니라"라고 말씀하셨기 때문입니다. 멕시코 땅을 향한 거룩한 기도의 부담감을 안고 날마다 방언으로 기도했습니다. 그러다 보니 시간이 흐르면서 하나님의 강권적 은혜가 임하기 시작했습니다. 하나님의 은혜가 임하자 조금씩 방언통변이 열리기 시작했습니다. '방언을 말하는 자는 통역하기를 기도할지니'(고전 14:13)라고 사도바울이 권면했는데 나 역시 방언통변을 사모하며 기도했습니다.

이렇게 골방에서 방언통변으로 기도한지 몇 년이 지났을 무렵 어떤 선교사님에게 연락이 왔습니다. 이 선교사님은 멕시코의 한적한 도시 뿌에블라에서 현지인만으로 구성된 '아가페 찬양단'을 이끌며 멕시코 전역을 순회하시며 복음을 전하시는 분이십니다. 큰 딸은 첼로로, 작은 딸은 플루트로, 남편 선교사님과 아들은 태권도로, 엄마 선교사님은 찬양으로, 각자의 달란트를 가지고 복음을 전하는 선교사 가정입니다. 가끔씩 두 분 선교사님과 교제했는데 외딴 선교지에서 참 많은 위로를 받았습니다.

급하게 연락한 이유는 한국에서 어떤 목사님이 멕시코에 오셨는데 우리 선교지를 방문하기를 원한다는 내용이었습니다. 전혀 계획하지도 의도하지도 않았던 우연한 만남이었습니다. 4박 5일간의 일정동안 목사님 일행과 함께 기도했는데 나는 주로 방언통변을 하며 기도했습니다. 모든 일정을 마치고 한국으로 돌아가신 목사님께서는 얼마 후 집회의 강사로 나를 초청하셨습니다. 그 이후 놀랍게도 하나님께서 지경을 넓혀 주셔서 세계 곳곳을 다니며 집회를 하게 되었습니다. 여기서 한 집회에서 있었던 일에 대해 잠시 나누고자 합니다.

충청남도 부여의 아담한 기도원에서 집회를 한 적이 있었습니다. 집회를 하고 있는 중간에 기도를 받기 위해[6] 한 부부가 오셨는데 언뜻 보기에도 선량해 보였습니다. 작은 교회를 개척하여 섬기고 있는 목사님이라고 본인을 소개하셨습니다. 기도 가운데 사모님이 악한 영들에게 눌려 있음을 통변으로 알게 하셨고 대적하라는 감동을 주셨습니다. 또한 사모님의 방언을 통변하는데 이런 내용으로 통변이 나왔습니다.

"하나님! 나 좀 살려 주세요. 너무 두려워요. 악한 영이 보여요. 악

---

6) 집회의 중간 중간에 성도들이 원할 경우 개인적으로 기도를 해 줍니다. 보통의 경우 내 방언의 통변을 통해 하나님의 마음과 메시지를 전달합니다. 이와 더불어 기도 받는 성도의 방언을 통변해주며 하나님의 사랑과 뜻을 전하기도 합니다. 성도 대부분이 방언의 뜻을 알지 못한 채 기도하고 있기 때문에 본인의 방언을 통변해줄 경우 놀라움을 금치 못합니다. 왜냐하면 자신의 생각과 현재 처해 있는 환경, 혹은 현재 기도하고 있는 내용들이 방언을 통변할 때에 나오기 때문입니다.

한 영이 나를 괴롭힙니다. 죽이고자 달려듭니다. 도와주세요! 하나님! 살려 주세요!"

이렇게 통변이 나오자 통변을 하고 있던 나도 사실 너무나 당황했습니다. 그 순간 성령께서 다시 기도를 하라는 감동을 주셔서 기도했습니다.

"사랑하는 딸아. 내가 너와 함께 하리라. 악한 영으로부터 반드시 너를 지키리라. 두려워 마라. 내가 도와주리라. 이미 승리한 싸움이니 두려워 말고 악한 영을 대적 하여라"

이런 통변이 나왔는데 기도를 마치자마자 두 분께서 동시에 통곡을 하셨습니다. 아무 영문도 몰랐던 나도 통곡하는 모습을 보니 마음이 아파 함께 붙들고 한참을 울었습니다.

기도 후 사모님께서는 최근에 악한 영들이 보였고 자신을 죽이고자 달려들었다고 했습니다. 악한 영의 형체뿐 아니라 소리까지도 들리는 상황 속에서 어찌할 바를 몰라 죽고 싶은 마음까지 들었다고 했습니다. 이 사모님의 경우 영이 민감한 상태로 영의 세계가 열렸으나, 악한 영과 영적전쟁의 지식이 전무한 상태였으므로 그대로 방치했던 것입니다. 그러나 사모님의 방언을 통변해보니 사모님의 영을 보호하며 보호막을 치는 기도가 하나님께 계속적으로 올려지고 있었습니다. 하나님께 방언기도로 긴급 구조(SOS)를 치고 있었던 것입니다.

이렇듯 방언에는 우리의 영을 보호하며 보호막을 치는 기도가 내포되어 있습니다. 방언 자체가 보호막을 치는 것이 아니라 그 기도를 듣고 하나님께서 보호막을 쳐 주시는 것입니다. 우리를 사탄의 세력으로부터 보호해 주시기 위함입니다. 혼적인 기도는 영의 상태를 파악하지 못하므로 영을 위한 기도를 올릴 수가 없습니다. 그러나 영의 기도인 방언은 영의 상태를 그 누구보다도 더 잘 알고 있습니다. 이 사모님의 경우 자신의 영을 보호해 달라는 긴급 SOS를 방언으로 계속 하나님께 올리고 있었기 때문에 상태가 더 악화되지 않았던 것입니다.

육을 회복하는 기도

방언은 영의 기도이므로 영의 회복만을 이룬다고 생각하면 오해입니다. 방언은 영적인 문제뿐만 아니라 육적 상태까지도 하나님께 간구를 올리는 도구입니다. '우리의 육신의 치유와 회복에 대한 내용도 방언 안에 담겨 있구나'하고 깨달은 일이 있었습니다.

어느 교회에서 집회를 하는데 유독 눈에 띄는 형제님이 있었습니다. 30살이 갓 넘어 보이는 형제님은 한 손이 뒤로 꺾인 것처럼 부자유스러웠고, 얼굴의 반은 한 쪽으로 돌아가 있어 조금은 흉측한 모습이었습니다. 얼굴이 정상이 아니다보니 발음도 정확하지가 않아 독특한 소리가 났습니다. 그런데 그 형제님은 자신의 외모와 음성에 전혀 주눅 들지 않고 온 정성을 다해 하나님을 찬양하며 예배했습니다. 그런데 한편으로는 안쓰럽기도 했습니다. 소리를 높여 방언으로 기도하며 찬양하다

보니 주변 사람들이 흘깃거리며 수군거렸습니다. 하지만 그 형제는 전혀 개의치 않았고 오직 하나님께만 집중했습니다. 참 아름다워 보였습니다. 그 형제를 보며 '신령과 진정으로 예배하는 것이 바로 저것이구나' 하고 생각했습니다(요 4:23).[7] 내 자신이 부끄러워 숙연해졌습니다.

그런데 이 형제님과 어머니께서 집회 중간에 기도를 받고자 찾아 오셨습니다. 집회 내내 그 형제님을 보며 나름 큰 은혜를 받고 있던 터라 형제님을 보자마자 눈물부터 났습니다. 그 형제님의 방언을 통변하니 이런 통변이 나왔습니다.

"아야. 아야. 아버지. 나 많이 아파요. 너무 아파요. 어깨도 아프고, 머리도 아프고, 너무 아파요. 하나님 아버지. 치유해 주세요. 너무 아파요."

그 형제님은 태어날 때부터 비정상적으로 태어났는데 엎친 데 덮친 격으로 얼마 전 교통사고로 어깨와 머리에 큰 부상을 입게 되었다고 했습니다. 기도를 받으러 온 시점에서도 교통사고 후유증으로 상당히 고통스러워 보였습니다. 그 형제님은 마치 자녀가 아버지에게 말하듯 '여기도 아프고, 저기도 아파요'하며 그 영이 방언으로 하나님께 호소하고 있었습니다.

성령께서는 방언통변을 통해 그 형제님이 치유되어 자신과 같은 장

---

7) "아버지께 참으로 예배하는 자들은 신령과 진정으로 예배할 때가 오나니 곧 이 때라 아버지께서는 이렇게 자기에게 예배하는 자들을 찾으시느니라"(요 4:23, 개역)

애인을 품는 전도자의 삶을 살기를 원한다는 하나님의 뜻을 전하게 하셨습니다. "언제나 지켜주며 보호할 것이니 두려워 말고 걱정하지 말아라"라는 음성도 전했습니다. 옆에서 기도를 듣고 계셨던 어머니는 아들의 장애가 하나님의 영광의 도구(요 9:3)라는 말을 듣고 그 장애를 다른 각도로 이해하게 되었습니다. 어머니에게도 치유가 일어난 것입니다.

정작 내가 한 것은 방언기도를 통변한 것뿐이었습니다. 하나님의 사랑을 전하는 매개체로서 성령님의 도구로 사용된 것뿐입니다. 두 분을 집회 장소에서 다시 보았을 때 세상에서 가장 아름다운 모자지간의 모습으로 서로를 사랑하며 아껴 주었습니다.

이렇듯 방언은 영혼육의 전반적인 치유에 대한 내용이 담겨 있습니다. 영혼육이 회복되어 질 때 영적으로 성장할 수 있으므로 이 단계에서는 주로 영혼육을 강하게 만지시는 것입니다.

복음에 대해 담대하게 함

한국에 있을 때는 '예수 천당! 불신 지옥!'이라고 외치며 전도하는 성도들을 볼 때 눈살을 찌푸렸습니다. '전도를 하려면 고상하게 하지 왜 저렇게 민폐를 끼치고 할까'하며 곱지 않은 시선으로 바라보았습니다. 그러던 내가 인격적인 주님을 만나고 보니 그들의 심정을 충분히 이해할 것 같았습니다. 가만히 앉아 있어도 예수님 때문에 눈물이 났습니다. 잠을 잘 때도, 밥을 먹을 때도 예수님 때문에 통곡이 나왔습니다. 나 또한 '예수 천당! 불신 지옥!'이라며 외치고픈 심정이었습니다.

예수님이 너무 좋아 선교사가 되었고, 신학을 했지만 정작 멕시코에서 할 수 있는 것이 많지 않음을 절감했습니다. 그래서 첫 번째로 배운 것이 재봉과 미용 기술이었습니다. 하나님께서는 우리 안에서 하나님이 기뻐하시는 일을 할 수 있도록 도와주십니다. 뿐만 아니라 그 일을 기쁨으로 감당할 수 있도록 힘과 능력도 공급해 주십니다(빌 2:13).

그래서 그런지 멕시코에서 첫 번째로 주신 사명이 재봉틀로 '복음의 가방'을 만드는 것이었습니다. '복음의 가방'은 소지품을 넣을 수 있는 작은 손가방입니다. 가방 앞면에 재봉틀로 'Jesus te ama!(예수님은 당신을 사랑하십니다!)'를 새겼습니다. 'Jesus te ama를 보고 죽어가는 영혼들이 주님 앞으로 나오게 하옵소서'하며 기도하며 가방을 만들었습니다. 멕시코에 영적인 동력자로 보내주신 어머니와 함께 날마다 가방을 만들었습니다. 가방 공장의 회장님은 하나님이시요, 사장님은 예수님이시며, 내 안에 능력주시는 성령님을 팀장님으로 모시고 날마다 가방을 만들었습니다. 이렇게 만들어진 '복음의 가방'을 들고 노방전도를 다녔습니다.

그러던 어느 날 어떤 분에게 가방을 주며 예수님을 전하려고 하자 언짢은 표정을 역력히 드러내며 단호하게 '노'(No)라고 말하는 것이었습니다. 주변에 사람들이 많이 있었던 터라 조금 부끄러웠습니다. 갑자기 코끝이 찡하며 눈물이 쏟아지려고 했습니다. 눈물을 감추기 위해 돌아서는데 갑자기 방언이 터져 나왔습니다. 그 때 당시에는 방언통변의 은사가 임하지 않았는데도 내면에서 이러한 음성이 들리는 듯 했습니다.

"딸아. 부끄러워하지 말아라. 내가 너와 함께 동행하고 있단다."

잠시 잠깐 방언기도를 했을 뿐인데 주님께서 동행하시며 나와 함께 전도를 하고 있다는 것이 선명하게 느껴졌습니다. 심령으로 본 것입니다. 그 순간 이후부터 홀로 노방전도를 다닐지라도 전혀 부끄러워하지 않게 되었습니다. 홀로 복음을 전하는 것이 아니라 예수님께서 동행하시며 도와주시고 계심을 보았기 때문입니다.

무엇보다도 방언기도는 복음이 전해지는 현장에서 힘과 능력을 제공합니다. 비단 노방전도 현장뿐만 아니라 집회 현장에서도 영적인 공격이 있을 때 방언으로 기도하니 심령이 점점 회복되는 것을 경험했습니다.

복음을 전하다가 실족할 수 있습니다. 복음을 전하다가 핍박을 받을 수도 있습니다. 예수님의 이름을 전하다가 때로는 망신을 당할 수도 있습니다. 그럴 때 기도하십시오. 방언을 할 수 있다면 방언으로 기도하십시오. 주님께서 그 기도에 가장 먼저 응답하십니다. 우리의 부끄러움을 제하여 주십니다. 다시 복음을 들고 당당히 외칠 수 있도록 힘과 능력을 주십니다.

방언을 통해 우리 영혼의 보호막이 형성됨

'방언을 말하는 자는 자기의 덕을 세운다'라고 성경에 기록되어 있습니다(고전 14:4). 개인의 덕 중에서도 방언은 '영혼을 보호하는 덕'을 세우는 일을 가장 먼저 합니다.

초기 단계 방언의 특징 중에 하나가 우리의 영혼을 보호하기 위한 보호막이 쳐지는 것입니다. 우리가 방언으로 기도할 때 영혼의 보호막이 쳐지는 것을 성령님이 열어 주신 영 안을 통해 보게 되었습니다. 악한 영은 보호막이 강하게 쳐져 있는 사람에게는 쉽게 접근하지 못했습니다. 주위에서 서성거리며 공격의 기회를 엿볼 뿐 쉽게 공격하지 못하는 것을 보았습니다.

영의 세계를 경험하지 않은 상태라면 분명 믿기 어려울 것입니다. 육의 관점으로 판단한다면 오로지 보이는 이 세상이 전부일 것입니다. 영의 세계를 경험하지 않았다면 영적 세계의 실존 여부를 인정하는 것이 아마도 어려울 것입니다. 그러나 영의 사람이라면 보이지 않는 영의 세계가 현존하고 있다는 사실을 알고 체험할 것입니다.

보이는 세계는 보이지 않는 세계에서 일어나는 현상의 결과입니다. 즉 보이지 않는 영의 세계가 보이는 세계를 주도한다는 뜻입니다. 물론 보이는 세계와 보이지 않는 영의 세계 전부를 통치하시는 분은 유일하신 하나님이십니다. 그러나 영의 세계에는 악한 사탄의 세력도 존재한다는 것을 기억해야 합니다. 사탄은 타락한 천사로서 하나님을 대적하는 악한 영의 존재입니다. 하나님의 일을 훼방하며 방해하는 일이 그들의 주된 사명인 것입니다.

무엇보다도 악한 영은 영의 기도인 방언으로 기도하는 것을 극도로 싫어합니다. 왜냐하면 방언가운데 하나님 나라의 확장을 위한 중보가 내포되어 있으므로 악한 영이 이를 싫어하며 방해하는 것입니다.

또한 방언은 오직 하나님께 비밀을 말하는 것임으로 악한 영들은 이를 전혀 알아 들을 수가 없습니다(고전 14:2). 영의 기도인 방언은 삼위일체 하나님과 천사들만이 그 내용을 알 수 있습니다. 그렇기 때문에 악한 영들은 자신들이 알아 들을 수 없는 방언으로 기도하는 것을 강력하게 방해하며 극도로 싫어하는 것입니다.

하나님께서는 이러한 악한 영들의 세력의 공격으로부터 우리를 보호하기 위해 보호막을 쳐주십니다. 그렇다고 방언이 임하자마자 단번에 보호막이 쳐지는 것은 아닙니다. 계속적으로 기도할 때 악한 영이 쉽게 근접할 수 없도록 강한 막이 형성되어 나갑니다. 상대적으로 악한 영도 계속적으로 보호막을 파괴하며 우리의 영혼을 괴롭히기 위해 도전해 옵니다. 그럼에도 불구하고 계속 기도한다면 우리의 영혼을 보호하는 보호막은 더욱 견고하게 쳐지게 됩니다.

물론 악한 영의 공격에 이 보호막은 깨질 수 있습니다. 아직 영이 성장하지 않은 상태라면 보호막도 마찬가지로 연약하기 때문입니다. 그러나 계속 방언으로 기도할 때 보호막은 두 겹, 세 겹, 열 겹, 백 겹으로 강하게 쳐지게 됩니다. 투명한 막과도 같습니다. 우리의 영혼을 보호하기 위해 하늘에서 장막이 내려오는 것입니다. 이러한 보호막이 바로 '하나님의 전신갑주'가 되는 것입니다.

"끝으로 너희가 주 안에서와 그 힘의 능력으로 강건하여지고 마귀의 간계를 능히 대적하기 위하여 하나님의 전신 갑주를 입으라 우리의 씨름은 혈과 육을 상대하는 것이 아니요 통치자들과 권세들과 이 어둠의 세상 주관자들과 하늘에 있는 악의 영들을 상대함이라 그러므로 하나님의 전신 갑주를 취하라 이는 악한 날에 너희가 능히 대적하고 모든 일을 행한 후에 서기 위함이라"(엡 6:10-13, 개정)

하나님께서는 우리의 연약함을 아십니다. 또한 보이지 않는 영의 존재인 악한 영들이 우리를 괴롭히고 있다는 것도 잘 알고 계십니다. 그래서 하나님께서는 우리를 홀로 고아처럼 내버려 두시는 것이 아니라[8] 악한 영과 싸워 승리할 수 있는 능력과 무기도 주십니다. 바로 예수님의 이름과 권세가 우리의 능력이며 공격 무기인 것입니다. 또한 방어적인 측면으로 우리의 영혼을 악한 영들로부터 보호하기 위해 보호막과 전신갑주를 입혀 주시는 것입니다(엡 6:10-13).

수호천사를 보내시는 하나님

믿음을 가지고 방언으로 계속 기도한다면 보호막이 견고해지며 하나님께서 우리를 섬기며 보호하기 위해 수호천사도 보내십니다(히 1:14).

---

8) 성령께서는 보혜사로서 부모와 같은 보호 본능이 매우 강하십니다. 그래서 주님은 우리를 거친 바다와 같은 환경 속에서 홀로 내버려두지 않으시는 것입니다. 주님께서 우리를 고아와 같이 홀로 버려두지 않겠다(요 14:18)고 하신 그 약속은 지금도 견고히 서 있습니다. 이 순간에도 여전히 임마누엘의 하나님으로 우리와 함께 하시면서 눈동자처럼 지켜주고 계시는 것입니다(시 17:8).

이러한 천사의 활약상이 성경 곳곳에 기록되어 있습니다.

사도행전 12장에서도 수호천사에 대한 기록이 있는데, 배경을 잠시 살펴보면 헤롯 왕이 자신의 정치적 입지와 왕권을 유지하기 위해 기독교인들을 핍박하기 시작합니다. 헤롯왕은 요한의 형제인 야고보가 칼로 죽임을 당하자 기뻐하는 유대인들의 환심을 사기 위해 베드로마저도 옥에 가두었습니다. 이때 성도들은 감옥에 갇힌 베드로를 위해 하나님께 열심히 기도했습니다. 성도들의 기도의 응답으로 베드로를 돕기 위해 감옥에 주님의 천사가 보내졌습니다. 천사의 도움으로 베드로의 손목에 매여 있던 사슬이 풀어지며 자유의 몸이 되었습니다. 감옥을 신속히 빠져나온 베드로는 성도들이 함께 모여 기도하고 있는 집에 찾아가 문을 두드렸습니다. 문을 두드리던 베드로를 보고 놀란 여종이 집 안에 함께 모여 있는 사람들에게 베드로가 찾아 왔음을 고했습니다. 그러자 사람들은 그 여종에게 아래와 같이 반응을 보였습니다.

> "그러자 사람들은 여종에게 "네가 미쳤구나" 하고 말했습니다. 그러나 여종이 계속해서 참말이라고 우기자, 사람들은 "그렇다면 베드로의 천사인가보다"라고 말했습니다." (행 12:15, 쉬운)

성도들은 베드로를 보았다는 여종의 말에 '베드로의 천사인가보다' 라고 일축해 버렸습니다. 여기서 베드로의 천사라고 표현된 것은 바로 베드로의 수호천사를 의미합니다. 그 당시의 성도들도 수호천사의 존재를 인정하고 있다는 말입니다. 실제로 수호천사는 베드로가 감옥에서 나올 수 있도록 도왔습니다.

어제나 오늘이나 영원토록 동일하신 하나님께서 베드로에게 수호천사를 보내셨다면 우리에게도 여전히 수호천사를 보내 우리를 돕도록 하실 것입니다.[9]

기도할 때 이러한 일들이 일어나는 것입니다(행 12:5). 하나님께서는 그 기도의 응답으로 베드로를 도울 수 있는 천사를 보내신 것입니다.

"그가 너를 위하여 그의 천사들을 명령하사 네 모든 길에서 너를 지키게
하심이라" (시 91:11, 개정)

수호천사의 기록은 시편 91편에서도 나타납니다. 하나님께서 천사에게 명령하여 우리의 모든 길에서 지켜주시며 보호하게 하신다는 약속의 말씀인 것입니다.

그렇다면 하나님께서는 무엇으로부터 우리를 보호하기 위해 수호천사를 보내시는 것일까요? 바로 세상과 악한 영들로부터 하나님의 자녀인 우리를 보호하기 위함입니다(왕하 6:15-17).

---

9) "모든 천사들은 하나님을 섬기는 영이며, 구원 받을 사람들을 돕기 위해 보내진 자들입니다." (히 1:14, 쉬운)

세상과 벗하며 하나님과 원수 된 사람들은 사탄과 이미 화친계약을 맺은 상태로 사탄 편에서 볼 때 이미 잡아 놓은 물고기와 같습니다. 그러나 영적전쟁을 수행하며 하나님 나라의 확장을 위해 기도한다면 악한 영들은 극도로 긴장하며 기도를 방해하며 공격해 옵니다. 특별히 영의 기도인 방언은 치열한 영적전쟁을 수행합니다. 그렇기 때문에 방언으로 기도할 때 우리는 악한 영들의 존재로부터 반드시 보호를 받아야 합니다. 이런 연유로 하나님께서는 특별히 기도를 통해 영적전쟁을 수행하는 성도들을 위해 천사를 보내 보호하시는 것입니다.[10] 하나님의 사람들은 이렇듯 수호천사의 보호를 받습니다.

나에게도 수호천사의 보호하심을 입은 경험이 있습니다. 오래전의 일입니다. 그때 당시 멕시코는 마피아와의 전쟁으로 전 지역이 술렁거렸습니다. 특히 내가 사는 몬테레이는 마피아의 온상이라고 주목받을 정도로 심각한 수준이었습니다. 우리 집 바로 옆에 빈민 구역이 있는데 그곳이 마피아 거주 지역 3위로 꼽혔습니다. 이런 상황이다 보니 날이면 날마다 마피아를 소탕한다며 총성이 끊이질 않았습니다. 하루에도 열 두 번씩 헬기가 창공 위를 날라 다녔습니다. 도저히 외출할 수 없는

---

10) 방언을 말하지 않는 사람에게 수호천사의 보호가 없는 것은 아닙니다(마18:10). 방언을 하던, 하지 않던 세상과 사탄의 세력으로부터 하나님의 자녀를 보호하기 위해 수호천사를 보내 주십니다. 그러나 아직 거듭나지 않은 상태로서 예수님을 구세주로 인정하지 않는다면 수호천사의 보호가 없을 수도 있습니다.

상황이었습니다. 거의 집안에서만 갇혀 지냈습니다.

그런 와중에 부득불 외출할 일이 생겼습니다. 둘째 딸의 예방 접종을 더 이상 미룰 수 없는 상황이라 미국의 보건소에 다녀오기로 했습니다. 멕시코에서는 의료보험을 들지 않아 접종하려면 천 페소(한국 원화로 십만 원 가량) 정도의 비용이 듭니다. 반면 미국 보건소의 경우 5~8달러 정도면 접종이 가능합니다. 그래서 차로 두 시간 거리에 있는 미국 텍사스 국경을 건너가 미국의 보건소에서 접종을 하고 옵니다. 멕시코와 미국은 한국과 북한의 국경과 같지 않고 서로 자유롭게 왕래합니다. 미국에 가는 날 불안했던 탓인지 새벽부터 방언으로 머리부터 발끝까지 보혈로 덮고 대적기도도 열심히 했습니다. 무사히 미국에 건너가 접종을 잘 마쳤습니다.

그런데 돌아오던 길에 갑자기 방언기도가 강하게 터져 나왔습니다. 방언기도 가운데 성령께서 시편 71편을 보며 기도하라는 감동을 주셨습니다. 평상시 전혀 마음에 와 닿지 않았던 4절 말씀이 레마의 말씀으로 다가왔고 그 순간 강한 전율이 일어났습니다.

> "오 나의 하나님, 못된 사람들의 손에서 나를 건져 주시고 악하고 잔인
> 한 사람들의 손아귀에서 나를 구출해 주소서." (시 71:4, 쉬운)

4절 말씀을 붙들고 강하게 방언으로 기도하고 있는데 갑자기 남편이 앞을 보라고 소리쳤습니다. 30미터 전방을 보니 복면을 쓴 마피아

들이 트럭에서 총을 꺼내고 있는 상황이었습니다. 당시 우리 차가 선두로 가고 있었고 뒤이어 소형차 3대, 관광버스 1대가 나란히 가고 있던 중이었습니다. 2차선 도로라 피할 수도 없었습니다.

그 순간 더욱 강하게 방언기도가 터져 나왔습니다. 짧은 찰나의 순간이었으나 거의 차 안에서 실신할 정도로 울부짖으며 기도했습니다. 거리는 점점 가까워졌고 총을 겨누고 있는 마피아를 바로 코앞에서 보게 되었습니다. 그런데 이상하게도 그들은 우리가 보이지 않는 것처럼 아무런 반응이 없는 것이었습니다. 남편에게 빨리 지나가자고 말했고 총을 겨누고 있던 마피아 옆을 지나쳤습니다. 점점 속도를 내기 시작했습니다. 뒤 늦게 우리를 본 마피아가 바로 따라 붙었고 우리에게 총을 겨눴습니다. 그런데 이때 이상하게도 총을 쏘지는 않는 것이었습니다. 도망가다가 총에 맞던지, 잡혀서 총에 맞던지 둘 중 하나다 싶어 전속력으로 달리자고 남편에게 외쳤습니다. 속도를 올리며 전속력으로 도망을 치자 더 이상 쫓아오지 않고 그냥 돌아갔습니다.

그런데 뒤를 돌아보니 마피아들이 뒤따라오던 4대의 차량을 세워놓고 총을 겨눈 상태였습니다. 얼마나 무섭던지 사시나무 떨듯 온 몸이 덜덜 떨렸습니다. 한참을 가다보니 갑자기 통곡이 나오면서 방언이 통변되기 시작되었습니다.

"사랑하는 내 자녀들아. 너희는 내 자녀니라. 어찌 아버지가 사랑하는 자녀를 보호하지 않겠느냐. 내가 내 천사들을 보내어 악한 자의

눈을 가렸으며 너희를 보호했노라. 내가 너희를 지키리라. 내가 너희
를 사랑하노라."

하나님 아버지의 놀라운 사랑에 감격해 남편과 나는 돌아오는 길
내내 통곡하며 울었습니다. 다음날 고속도로에서 마피아에게 총격을
당해 15명의 무고한 시민이 죽었다는 소식을 전해 들었습니다. 하나님
께서는 악인들로부터 우리를 보호하시기 위해 수호천사를 보내시며 위
험한 상황에서도 건져 주시는 것입니다.

할렐루야. 모든 영광 주님 홀로 받으소서!!

〈주와 함께 있으면 안전합니다〉

주께서 천사들을 시켜 여러분을 지키게 하실 것입니다.

여러분이 어디로 가든지 저들이 여러분을 보호해 줄 것입니다.

천사들이 손으로 여러분을 붙들어 주시고,

발이 돌뿌리에 부딪히지 않도록 해 주실 것입니다.

여러분은 사자와 독사 위를 짓밟고 지나가고

힘센 사자와 뱀을 짓누를 것입니다.

---

11) "두 사람(두 천사)은 문 밖에 서 있는 사람들의 눈을 어둡게 했습니다. 그래서 밖에 있던 사람들은 젊은이
나 노인이나 할 것 없이 문을 찾을 수가 없었습니다"(창 19:11, 쉬운)

하나님께서 말씀하십니다.

나를 사랑하는 자를 구원할 것이다.

내 이름을 높이는 자를 내가 보호해 줄 것이다.

그가 나를 부르면 내가 그에게 대답할 것이다.

그가 어려울 때, 내가 그와 함께 있을 것이다.

내가 그를 구원하고 그를 높여 줄 것이다.

그를 오래 살게 해 줄 것이며,

나의 구원을 그에게 보일 것이다.

(시 91편 11-16, 쉬운)

2단계
성장의 단계 : '능력 방언'

'처음 받은 방언'을 어린아이와 같은 방언으로 비유하는 이유는 어린 아이들이 처음에는 무엇이든지 서툴 듯 방언도 처음 임했을 때는 이와 비슷하기 때문입니다.

방언이 처음 임했을 때에는 대부분 단음절이 반복되는 방언으로 기도하게 됩니다. 이런 방언을 말할 때 방언을 말하는 사람은 아무 의미 없는 것처럼 느낄지도 모릅니다. 그러나 단순음절의 방언일지라도 영적 세계에서는 놀라운 일들이 일어납니다. 그 방언을 통해 영이 보호되며 전신갑주가 입혀지며 수호천사의 보호가 임하기 때문입니다. 이것이 방언이 처음 임했을 때 영적 세계에서 일어나는 첫 번째의 일입니다.

초기 단계 방언의 주된 내용은 주로 우리의 영을 보호하는 기도입니다. 또한 그 방언 안에는 회개가 포함되어 있습니다. 내 안에 있는 죄성이 드러나며 회개를 통해 점진적으로 정화과정을 거쳐 나갑니다. 회개의 방언이 나올 때는 자신도 모르게 눈물을 흘리기도 하며 통곡하기도 합니다. 이러한 과정 속에서 영이 깨끗해지는 것입니다.

그러나 이 단계에서 계속해서 기도한다면 방언은 점점 더 성장하게 됩니다. 어린 아이와 같은 방언이 이제는 '능력방언'으로 성장하는 것입니다. 자신의 영을 보호하는 수준의 방언이 영적 권위와 권세를 지닌 방언으로 성장하게 되는 것입니다.

방언으로 계속 기도하다 보면 방언에 능력이 부어집니다. 하나님께서 방언이 성장한 성도들에게 영적 권위를 부어 주시는 것입니다. 이런 능력방언으로 기도하기 시작할 때 영적 세계에서는 사탄의 견고한 진들이 파쇄 되며, 중보를 받는 사람들에게 실제로 변화가 일어나게 됩니다. 하나님은 이러한 능력방언의 기도를 통해 하나님 나라를 확장시켜 나가는 것입니다.

그렇다면 지금 내가 하는 방언이 능력방언인지 아닌지는 어떻게 알 수 있을까요?

많은 사람들이 방언기도의 내용을 전혀 알 수 없다고 생각합니다. 물론 어느 수준까지는 그럴 수도 있습니다. 그러나 방언의 성장과 함께 영성 또한 깊어지므로 순간순간 자신이 무엇을 기도하고 있는지 알게

---

12) 방언에 영적 권위가 주어지기 시작할 때 새 방언으로 바뀔 수도 있으나 바뀌지않을 수도 있습니다. 비록 방언이 바뀌지 않고 여전히 '랄랄랄라'로 기도한다 할지라도 우리의 영이 정화되고 성숙되었다면 능력이 나타날 수 있습니다.

13) 일반적으로 능력하면 앉은뱅이를 일으키고 귀신을 쫓아내는 것을 먼저 생각합니다. 물론 이것도 능력입니다. 그러나 하나님이 기뻐하시는 능력은 악한 영에게 결박되어 있는 하나님의 백성들을 풀어 자유하게 하는 것입니다. 악한 영으로부터의 결박을 풀어 구원에 이르도록 하는 것입니다. 이것이 하나님께서 가장 기뻐하는 능력입니다. 능력방언 안에 이런 능력을 행할 수 있는 권세가 주어지는 것입니다.

됩니다. 성숙된 방언의 깊은 단계에서는 '영적인 통변 현상'이 동반되기 때문입니다.[14]

　우리가 방언으로 기도할 때 대부분의 경우 그것이 무슨 내용인지 잘 모릅니다. 그러나 하나님은 종종 기도하는 자들에게 영적인 눈을 열어 하늘의 일들을 알게 하십니다.

　기도의 사람 엘리사도 영의 눈으로 하늘의 일을 바라본 사람이었습니다.

> "하나님의 사람의 사환이 일찍이 일어나서 나가보니 군사와 말과 병거가 성읍을 에워쌌는지라 그의 사환이 엘리사에게 말하되 아아, 내 주여 우리가 어찌하리이까 하니 대답하되 두려워하지 말라 우리와 함께 한 자가 그들과 함께 한 자보다 많으니라 하고 기도하여 이르되 여호와여 원하건대 그의 눈을 열어서 보게 하옵소서 하니 여호와께서 그 청년의 눈을 여시매 그가 보니 불말과 불병거가 산에 가득하여 엘리사를 둘렀더라" (왕하 6:15-17, 개정)

　엘리사는 기도의 용사로 영적 세계를 볼 수 있는 영 안이 열린 사람

---

14) 방언통변은 내가 하는 방언이 무슨 내용인지 언어로 풀어지는 것을 의미합니다. 그러나 굳이 언어로 통변되지 않을지라도 방언기도 중에 환상이나 감동, 혹은 계시를 통해 기도의 내용이 풀어진다면 그것도 영적인 통변 현상의 일종입니다.

중에 하나였습니다. 엘리사는 열린 영안을 통해 영적 세계에서 일어나는 일을 볼 수 있었던 것입니다. 그렇지만 문제는 모든 사람들이 엘리사처럼 영안이 열려 있지 않다는 것입니다. 우리가 엘리사의 영적 수준에 도달해 있지 않기 때문입니다. 그러나 이러한 영적 수준은 아니더라도 우리는 기도 가운데 종종 영안이 열려 영적 세계를 볼 때가 있습니다. 바로 능력방언으로 기도할 때 하나님께서 필요에 따라 영안을 열어 영적 세계에서 어떠한 일이 일어나고 있는지를 보여 주시는 것입니다. 때로 방언 중에 환상을 열어 주심으로 방언 기도의 내용을 알게도 하십니다. 예를 들어 악한 영의 세력과 싸우는 환상을 보여 주심으로 영적 전쟁의 수행을 알게 하시는 것입니다. 또는 감동을 통해 방언의 내용을 알게도 하십니다. 사람들의 속박이 풀어지는 것을 느끼며 보게도 하십니다. 또 어떤 경우에는 지금 누구를 위해 중보하는지, 더불어 그 사람의 심령 상태까지도 알게 하십니다. 이렇게 기도하는 가운데 영 안을 열어 방언 기도의 내용을 알게 하시는 것입니다.

만약 우리가 방언으로 기도할 때 매번은 아니더라도 순간순간 이러한 것들을 경험하고 있다면 그 사람은 능력 방언으로 기도하고 있는 사람입니다. 하나님의 권세를 덧입은 능력 방언으로 기도하는 하나님이 세우신 '기도의 용사'인 것입니다.

1) 능력방언에 내포된 내용들

능력방언은 '하나님 나라의 확장'과 '악한 사탄의 세력과의 전투'와 밀접하게 연관되어 있습니다. 여기서는 능력방언의 내용이 무엇인지 살펴보겠습니다.

가계의 저주를 끊는 능력방언

능력방언 안에는 가계의 저주를 끊는 기도가 내포되어 있습니다.

가계에 흐르는 저주에 대해 인정하지 않는 사람들도 있지만 분명 가계로부터 흘러 내려오는 저주들이 있습니다. 성경에도 이것이 기록되어 있습니다.

> "그것들에게 절하지 말며 그것들을 섬기지 말라 나 네 하나님 여호와는 질투하는 하나님인즉 나를 미워하는 자의 죄를 갚되 아버지로부터 아들에게로 삼사 대까지 이르게 하거니와 나를 사랑하고 내 계명을 지키는 자에게는 천 대까지 은혜를 베푸느니라" (출 20:5-6, 개정)

하나님께서는 분명하게 우리에게 말씀하셨습니다. 하나님의 은혜가 천대까지 흐르지만, 또한 죄의 문제도 삼사 대까지 이어져 흘러가게 된다고 말입니다. 만약 가계에 죄가 흐르고 있다면, 그것이 후손을 타고 내려오면서 저주가 되는 것입니다.

실제로 예수님께서 이러한 가계에 흐르는 저주로 인해 고통당하던 아이를 치유하신 적이 있습니다.

"무리 중의 하나가 대답하되 선생님 말 못하게 귀신 들린 내 아들을 선생님께 데려왔나이다 귀신이 어디서든지 그를 잡으면 거꾸러져 거품을 흘리며 이를 갈며 그리고 파리해지는지라 내가 선생님의 제자들에게 내쫓아 달라 하였으나 그들이 능히 하지 못하더이다 대답하여 이르시되 믿음이 없는 세대여 내가 얼마나 너희와 함께 있으며 얼마나 너희에게 참으리요 그를 내게로 데려오라 하시매 이에 데리고 오니 귀신이 예수를 보고 곧 그 아이로 심히 경련을 일으키게 하는지라 그가 땅에 엎드러져 구르며 거품을 흘리더라 예수께서 그 아버지에게 물으시되 언제부터 이렇게 되었느냐 하시니 이르되 어릴 때부터니이다 귀신이 그를 죽이려고 불과 물에 자주 던졌나이다 그러나 무엇을 하실 수 있거든 우리를 불쌍히 여기사 도와주옵소서 예수께서 이르시되 할 수 있거든이 무슨 말이냐 믿는 자에게는 능히 하지 못할 일이 없느니라 하시니 곧 그 아이의 아버지가 소리를 질러 이르되 내가 믿나이다 나의 믿음 없는 것을 도와 주소서 하더라 예수께서 무리가 달려와 모이는 것을 보시고 그 더러운 귀신을 꾸짖어 이르시되 말 못하고 못 듣는 귀신아 내가 네게 명하노니 그 아이에게서 나오고 다시 들어가지 말라 하시매 귀신이 소리 지르며 아이로 심히 경련을 일으키게 하고 나가니 그 아이가 죽은 것 같이 되어 많은 사람이 말하기를 죽었다 하나 예수께서 그 손을 잡아 일으키시니 이에 일어서니라" (막 9:17-27, 개정)

우리가 익히 잘 알고 있는 성경의 이야기중 하나입니다.

한 아버지가 말 못하는 장애를 가진 아이를 예수님께 데려 왔습니다. 그 아이는 말을 못하고 듣지도 못했습니다(17, 25절). 도대체 어린 아이가 얼마나 큰 죄를 지었길래 말 못하고 듣지 못하게 하는 귀신이 아이 속에 들어간 것일까요? 그것도 태어나기 전부터 말입니다.

또 이 아이는 간질병까지 앓고 있었습니다. 예수님께서 "언제부터 이랬느냐"고 물으셨습니다. 그러자 아버지는 "아주 어릴 때부터 그랬습니다"라고 대답했습니다(21절).

도대체 얼마나 큰 죄를 지었기에 이 아이는 어릴 적부터 이런 간질을 앓은 것일까요?

얼마 전에 어떤 목사님으로부터 긴급한 기도 부탁을 받았습니다. 중국의 선교사 가정에 젖먹이 아이가 있는데 지금 뇌종양이라 수술을 해야 한다며 중보기도를 요청하셨습니다.

도대체 이 젖먹이 아이는 또 얼마나 큰 죄를 저질렀기에 뇌종양에 걸린 것일까요?

이러한 것은 아이들의 문제 때문에 일어난 일이 아닙니다. 아이의 문제가 아니라 가계를 타고 흐르던 죄의 저주가 아이에게 나타난 것입니다.

말 못하게 하는 귀신이 들렸던 아이의 경우도 아이의 문제 때문에 이러한 질병이 발생한 것이 아니라 가계에 흐르는 저주를 통해 흘러 내려온 귀신(막 9:17)으로 인해 이런 질병과 고통이 생긴 것입니다. 바로 가계로부터 흘러 내려오는 저주가 이러한 일을 일으키는 것입니다.

우리 가족도 예수님을 믿기 전에는 가계에 흐르는 저주의 영향력권 안에 있었습니다.

돌아가신 아버지의 가계에 자살하여 죽은 사람들이 몇 분 계셨습니다. 그런데 그 저주가 우리 가족에게 영향력을 미치기 시작했습니다. 불과 7년 만에 아버지, 큰 오빠, 작은 오빠, 이렇게 세 사람이 연이어 자살로 생을 마감했습니다. 여섯 명의 가족 가운데 세 명이나 가계에 흐르는 저주인 자살로 생을 마감한 것입니다. 아마도 예수님을 믿지 않았다면 나 또한 자살로 인생을 마쳤을 것입니다.

그러나 예수님을 믿고 난 후 이러한 가계에 흐르는 저주는 단번에 끊어졌습니다. 우리 가계에 자살의 저주가 흘러 내려온다는 것을 알고 예수 이름으로 대적하며 그 저주를 끊어 낼 수 있었습니다. 이제 더 이상 우리 가계에 자살의 저주는 흐르지 않습니다. 오히려 우리 가계에 하나님의 풍성한 은혜와 선한 영향력이 미치게 되었습니다(출 20:6).

나의 경우와 같이 가계에 흐르는 저주를 알고 있다면 예수님의 권세로 그 저주를 끊을 수 있습니다. 그런데 문제는 자신도 모르는 사이에 가계로부터 흘러 내려오는 저주가 있을 수 있다는 것입니다. 자신이 알고 있다면 대적기도를 통해 저주를 끊어낼 수 있겠지만 모를 경우 계속해서 그 통로를 타고 저주가 흘러 내려온다는 것입니다.

예를 들어 암과 같은 특정한 질병이 유전이 되어 가계를 타고 흘러 내려올 수 있습니다. 조상의 누군가가 폭력과 살인적인 것들을 품고 살았다면 그것이 가계에 흐르는 저주로 성품과 인격적인 면에서 악영향을 미칠 수도 있습니다.[15] 악한 성품적인 것이 가계를 타고 내려와 그 영향력을 행사하는 것입니다. 이 외에도 가계에 흐르는 악한 저주는 셀 수 없을 정도로 많습니다.

문제는 이러한 대부분의 것을 우리가 제대로 알지 못하기에 끊을 수가 없다는 것입니다. 그러나 방법이 있습니다. 비록 우리가 인지하지 못한 상태로 가계에 흐르는 저주로 내려온 것이 있다면 하나님께서 방언 기도를 통해 끊어주시는 것입니다. 우리가 아는 것들은 대적함으로 저주를 끊어 나가지만, 모르는 것들은 성령께서 영의 기도인 방언을 통해 가계에 흐르는 저주를 끊어 주시는 것입니다. 그래서 능력방언의 초기에는 이러한 가계에 흐르는 저주를 끊는 기도가 내포되어 있습니다.

방언 초기 단계에서는 우리의 영을 보호하는 기도를 주로 합니다. 그러나 능력방언으로 성장한다면 이 방언에 권세와 능력이 있기에 내가 모를지라도 가계에 흐르는 저주를 끊으며, 저주를 통해 흘러 내려오는

---

15) 가인의 폭력성은 대를 거듭할수록 더 강하게 나타났습니다. 이것이 가계에 흐르는 폭력성의 저주입니다. "가인이 그의 아우 아벨에게 말하고 그들이 들에 있을 때에 가인이 그의 아우 아벨을 쳐죽이니라……라 멕이 아내들에게 이르되 아다와 씰라여 내 목소리를 들으라 라멕의 아내들이여 내 말을 들으라 나의 상처로 말미암아 내가 사람을 죽였고 나의 상함으로 말미암아 소년을 죽였도다 가인을 위하여는 벌이 칠 배일진대 라멕을 위하여는 벌이 칠십칠 배이리로다 하였더라"(창 4:8, 23-24, 개정)

악한 영의 세력들도 물리쳐 나가게 됩니다.[16]

영적 전쟁을 수행하는 능력 방언

능력방언에는 영적 전투가 포함되어 있습니다. 능력방언으로 기도할 때 영적인 전투가 실제 영적 세계에서 일어나는 것입니다.

방언이 처음 임했을 때에는 우리의 영혼을 보호하며 정화하는 내용이 주를 이룹니다. 가장 먼저 내 안의 전투가 시작되는 것입니다. 그러나 방언이 성장의 과정을 거쳐 가면서 능력방언으로 성장합니다. '처음 받은 방언'(어린 아이와 같은 방언)이 자신의 영혼에 연관되어 있다면 능력방언은 자신뿐 아니라 타인과도 연관된 기도입니다. 능력방언을 통해 타인(장소, 지역, 견고한 진)을 구원하기 위한 영적 전투가 시작되는 것입니다.

때때로 능력 방언으로 기도하다가 보면 '영적인 통변 현상'이 일어날 때 자신의 방언이 다른 사람(장소, 지역, 견고한 진)을 중보하고 있다는 것을 알게 됩니다. 예를 들어 능력방언으로 기도하는 중보기도자[17]는 마치 자신이 기도하는 그 공간에 와 있다는 느낌을 받기도 합니다. 영으로 보는 것입니다.

---

16) 물론 예수님이 치유하신 어린 아이와 같이 가계의 저주가 단번에 끊어지는 경우도 있습니다. 하지만 성품이나 기질에 스며든 가계의 저주는 방언 기도와 함께 우리의 자유의지를 통해 결단하며 순종하며 끊어나 가야 하는 것들도 있습니다.

17) 중보기도자는 기도의 짐을 대신 저주는 사역을 감당하는 사람들입니다. 만약 기도하는 대상의 상황을 전혀 모른다면 거룩한 기도의 부담감을 감당해 낼 수가 없습니다. 그렇기 때문에 성령께서는 영의 기도인 방언으로 중보할 때 영분별의 은사와 지식의 말씀의 은사를 통해 성령안에서 기도할 수 있도록 이끄시는 것입니다.

사람을 위해 중보할 때는 기도 대상자의 상태를 지식의 말씀의 은사를 통해 분별하면서 기도하게 됩니다. 비록 전혀 알지 못하는 사람을 중보할지라도 성령께서 그 사람의 상황과 상태를 알게 하시는 것입니다. 영적으로 깊은 단계에 이른 중보기도자들은 능력방언으로 견고한 진을 파쇄 합니다. 능력방언으로 사탄의 올무에 매인 영혼을 자유하게 합니다. 능력방언으로 죽어가는 영혼에게 구원의 빛을 보내는 것입니다. 이렇듯 하나님께서는 방언에 영적권위를 부어 주시며 영적 전투를 통해 하나님 나라의 확장을 이루어 갈 수 있도록 이끄시는 것입니다.

이럴 때는 일반적으로 '두두두두', '다다다다'와 같이 마치 총을 쏘고 있는 듯 한 방언으로 기도하게 됩니다.[18] 마치 상륙 작전을 펴기 전에 먼저 전함에서 포를 쏘아 상륙할 장소를 제압하듯이, 성령께서는 사역을 펼치기 전에 중보기도자를 통해 영적 전투를 먼저 수행하게 하십니다.

"이 땅을 위하여 성을 쌓으며 성 무너진 데를 막아서서 나로 하여금 멸하지 못하게 할 사람을 내가 그 가운데에서 찾다가 찾지 못하였으므로" (겔 22:30, 개정)

---

18) 같은 발음이라 할지라도 그 방언 안에 내포된 뜻은 제각기 다릅니다. 각 음절마다 다양한 뜻과 의미가 포함되어 있습니다. 그렇기 때문에 설령 '두두두두', '다다다다'하는 발음으로 방언기도를 한다할지라도 무조건 전투방언이라고 단정할 수는 없습니다. 쉽게 설명하기 위하여 예를 든 것입니다. 그러나 많은 경우 영적 전쟁을 수행할 때에는 '두두두두', '다다다다'와 같이 총이나 미사일 같은 전쟁무기를 쏘는 것 같다는 느낌으로 방언을 하게 됩니다. 하지만 다른 발음의 방언일지라도 전투방언일 수 있습니다. 발음으로 전투방언을 결정하는 것이 아니라 그 방안 안에 내포된 영적권위와 내용으로 구분해야 합니다.

하나님께서는 기도를 통해 성 무너진 데를 수축하며 수복하기를 원하십니다. 누군가에게 절실히 기도가 필요할 때, 사탄의 견고한 진들을 파쇄 해야 할 때(고후 10:4), 중보의 짐을 질 기도자들을 찾고 계십니다. 이런 기도하는 사람들에게 하나님께서는 이 사명을 감당할 수 있도록 기도에 권세를 부어 주십니다. 하나님께서 훈련된 군사에게 정교한 무기를 주시는 것은 당연한 이치입니다(엡 6:11). 방언 가운데 능력과 권세를 더하시는 것입니다. 이것이 유난히 영의 기도를 많이 하는 사역자들에게서 지식의 말씀의 은사, 영분별의 은사, 예언의 은사, 통변의 은사 등 성령의 은사들이 더욱 풍성하게 나타나는 이유입니다(고전 12:8-10).

이제 영이 더 활성화되고 영적으로 더욱 성장하게 된다면, 영안이 열리며 성령의 역사가 더 강하게 나타나게 됩니다. 하나님의 권능이 임하는 것입니다. 성령님의 인도 하에 영적인 눈과 귀가 열리며 영적인 입이 더 강하게 열리게 됩니다. 이 모든 것은 성령님의 도구로서 복음을 강력하게 전할 수 있는 통로로 사용하기 위함입니다.

하늘 문을 열게 하는 '새노래' 능력방언

방언은 하늘의 언어이며, 성령의 언어입니다. 방언으로 부르는 '새노래' 찬양 역시 하늘의 찬양입니다. 우리의 영에 이미 하늘나라가 임했기에 감사함으로 찬송하며 하나님을 경배하는 것입니다. 영광을 하나님께 돌리는 것입니다. 그것이 노래가 되어 우리의 방언 가운데 찬양으로 흘러나오는 것입니다. 찬미의 노래가 되는 것입니다(엡 5:19; 골 3:16; 계 5:9).

새노래로 찬양한다는 것은 성령께서 이미 그들을 통치하고 있다는 외적 증거입니다. 성령께서 부르시는 찬양이 바로 새노래 찬양이기 때문입니다. 일반적으로 부르는 찬양도 그 자체로 강력한 능력이 있습니다. 그러나 성령의 통치함을 받는 주님의 백성들이 새노래로 찬양할 때 영적인 능력을 발산하게 됩니다. 주님의 백성들이 새노래로 찬양할 때 사탄의 권세가 무너지며, 견고한 진들이 파쇄 됩니다. 새노래로 찬양할 때 하나님의 임재와 영광, 하늘나라의 통치를 일으킬 수 있는 통로를 강하게 열게 됩니다.

새노래 찬양도 영적전쟁을 수행하는 도구입니다. 능력방언(전투방언)이 지닌 영적전쟁의 순기능이 새노래 찬양에도 내포되어 있습니다. 그래서 새노래로 찬양할 때 능력방언과 마찬가지로 사탄의 견고한 진들이 파쇄되며 마귀를 대적하며 공격합니다. 하지만 새노래 찬양에는 하나님을 향한 찬양의 마음이 더 강하게 실려 있습니다.

방언이 임한 후 나에게 일어났던 가장 큰 변화는 바로 찬양과 예배의 감격이었습니다. 인격적인 주님을 만나기 전에는 찬양을 거의 부르지도 않았고 좋아하지도 않았습니다. 그런데 방언으로 기도하면서 찬양의 은혜를 느끼기 시작했습니다.

방언으로 계속적으로 기도하면서 방언으로 찬양을 부르게 되었습니다. 처음에는 단순히 알고 있는 찬양을 방언으로만 바꿔 불렀습니다.

의도하지 않았음에도 불구하고 방언으로 한참을 기도하다 보면 저절로 방언찬양이 터져 나왔습니다. 전투방언으로 강력하게 기도하다가도 어느 순간 나의 영혼이 평정을 찾으면서 방언찬양이 흘러 나왔습니다.

그러다가 어느 순간 이전에 한 번도 들어본 적도 없는 새노래 찬양이 흘러 나왔습니다. 내가 의도적으로 곡조를 만든 것이 아님에도 불구하고 저절로 곡조가 만들어져 새노래 찬양이 흘러 나왔습니다. 음악에 있어 문외한인 내가 들어도 아름답다고 느껴질 만큼 경이롭고 신비로운 곡조들이 입에서 쏟아져 나왔습니다. 한참을 새노래로 부르다가 그 곡조가 너무 아름다워 다시 부르고 싶었지만 그렇게 할 수는 없었습니다. 수십 번, 수백 번 새노래를 불렀지만 한 번도 같은 곡조로 새노래 찬양이 나오지 않았습니다.

그런데 새노래 찬양으로 영적전쟁을 할 때와 능력방언으로 전투할 때에 분명한 차이가 있다는 것을 알게 되었습니다. 능력방언, 즉 전투방언으로 기도할 때에는 사람들 속에 역사하고 있는 악한 영이나, 견고한 진을 파쇄하는 기도가 주로 올려 졌습니다. 대체적으로 이 땅 가운데 역사하고 있는 어둠의 권세들과의 영적싸움이었습니다.

반면에 새노래로 찬양할 때는 그보다 한 차원 높은 영역에서 영적전쟁을 수행하고 있는 것을 알았습니다. 새노래로 찬양하며 기도할 때 하늘이 열리는 것을 보았습니다. 하늘이 열리며 주님의 군대 천사들이 이 땅에 내려오는 것을 보았습니다. 그 와중에 주님의 천사와 악한 영들이 복음을 두고, 영혼의 구원을 두고 강력하게 전투하고 있는 것을 보았습니다. 새노래 찬양은 영적전쟁을 수행할 뿐만 아니라 하늘의 통치가 이 땅에 내려올 수 있도록 돕고 있었습니다.

새노래 찬양은 하늘 문을 열어 하나님의 통치와 주님의 천사들이 이 땅에 내려와 실제적인 영적전쟁을 수행하는 것을 간구하는 기도였습니다. 새노래로 찬양하며 영적전투를 수행할 때마다 하늘의 통치가 이 땅 가운데 내려와 하나님 나라가 확장되는 것을 보았습니다.

이렇듯 새노래 찬양에 대해 새롭게 경험하고 있을 즈음 주님께서 확증을 주셨습니다. 멕시코의 몬테레이에 위치하고 있는 'Amistad de Monterrey'라는 현지인 교회에서 이를 확증시켜 주셨습니다.

멕시코 사람들은 노래 부르는 것을 좋아합니다. 길거리에서, 차 안에서, 심지어 식당에서도 춤추며 노래합니다. 춤추며 노래하는 것이 이미 멕시코의 국민적 정서로 깊게 자리 잡았습니다. 워낙 노래와 춤을 좋아하는 민족이다 보니 교회에서도 찬양시간이 1시간이 넘습니다. 1시간 이상을 줄곧 서서 펄쩍펄쩍 뛰며 찬양합니다.

멕시코의 성도들을 보니 다윗 왕이 모든 체면을 내려놓고 언약궤 앞에서 춤췄던 모습이 연상되었습니다.[19] 다윗은 하나님 앞에서 기뻐하며 춤을 춘 것입니다. 멕시코의 성도들도 다윗 왕과 마찬가지로 하나님 앞

---

19) "여호와의 언약궤가 다윗 성으로 들어올 때에 사울의 딸 미갈이 창으로 내다보다가 다윗 왕이 춤추며 뛰노는 것을 보고 그 마음에 업신여겼더라"(대상 15:29, 개정)

에서 기뻐하며 춤을 추었습니다. 얼마나 높이 뛰며 춤을 추는지 50센티미터는 족히 뛰는 것 같았습니다. 만약 우리나라의 전통적 보수교단에서 멕시코의 보통의 교회에서 예배드리는 장면을 본다면 모두 다 이단으로 정죄할지도 모릅니다.

이렇게 예배하며 춤을 추는데 갑자기 여기저기서 새노래 찬양이 흘러 나왔습니다. 말로는 형용할 수 없는 아름다운 새노래 찬양들이 쏟아져 나왔습니다. 마이크를 잡은 찬양사역자 역시도 새노래로 하나님을 찬양했습니다. 여기저기서 새노래 찬양을 부르고 있는데 하나님의 강력한 임재 안으로 빨려 들어가는 것 같았습니다. 하나님의 임재가 너무나 압도적이어서 제대로 숨을 쉴 수조차 없었습니다. 하나님의 강력한 임재가 그 교회에 내리고 있었습니다. 그 순간 주님께서 나의 영안을 열어 보여 주셨습니다.

그 교회 성도들이 다윗과 같이 춤추며 새노래로 찬양할 때 하늘이 열리기 시작했습니다. 하늘이 열리고 하나님의 영광의 빛이 그 교회 전체에 비춰졌습니다. 열려진 하늘의 틈새 사이로 주님의 군대 천사들이 하염없이 이 땅에 내려왔습니다. 교회로, 멕시코로, 세계 곳곳의 열방으로 주님의 천사들이 내려 왔습니다. 사탄의 견고한 진들로 덮여 있는 땅들을 주님의 군대 천사들이 파쇄하며 구멍을 뚫었습니다. 구멍이 뚫린 그 땅에 하나님의 임재, 하나님의 통치가 일어나기 시작했습니다. 놀라운 광경이었습니다.

단지 이 교회의 성도들은 '성령께서 말하게 하심에 따라'(행 2:4) 새노래로 찬양하고 있었습니다. 성도들이 새노래로 찬양할 때 하늘이 더 크게 열렸습니다. 새노래 찬양은 마치 하늘 문을 여는 열쇠 같았습니다.

멕시코의 현지인 교회에서 경험한 새노래 찬양의 위력은 실로 놀라웠습니다. 다윗과 같이 하나님을 기뻐하며 새노래로 찬양할 때 하늘이 열리며 사탄의 세력들을 초토화시켰습니다. 그 순간 이후부터 '새노래 찬양은 하늘 문을 여는 열쇠이며, 마귀의 세력을 파쇄시키는 강력한 무기'라는 것이 각인되었습니다.

믿음은 믿을수록 더욱 커지며, 영적 성숙을 이룰 수 있는 최고의 발판이 되어 줍니다. 새노래 찬양에 대한 확실한 믿음이 생긴 후부터 날마다 새노래로 하나님을 찬양했습니다. 의도적으로 부르러 했던 것은 아니었지만 갈망하니 새노래 찬양 또한 성장해 나갔습니다. 새노래 찬양의 위력을 실감하게 한 사건들은 그동안 수없이 많았습니다. 그중 한 예화를 나누겠습니다.

몇 년 전 멕시코의 현지인들로 구성된 '기독의사선교회'와 함께 개척교회에 선교를 간 적이 있었습니다. 그곳에서 미용사역을 하며 복음을 전하고 있었습니다. 그때 마침 어떤 할머니가 머리카락을 자르기 위해 나를 찾아 오셨습니다. 미용사역을 하는 중에 주님께서 이 할머니를 너무나 사랑하고 있다는 감동을 계속 주셨습니다. 할머니 또한 주님을 진정으로 사랑하고 있다는 것이 느껴졌습니다.

사역을 마치고 방언으로 할머니를 위해 기도하는데 갑자기 새노래 찬양이 흘러 나왔습니다. 새노래로 찬양하며 기도하는 중에 주님의 천사 두 분이 할머니 옆에 서 있는 것을 보았습니다. 그 순간 천사들이 할머니 안에 있던 질병의 영을 뽑아내더니 끌고 어디론가 사라져 버렸습니다.

육신의 눈으로 볼 때는 육신의 눈으로 본 것만을 이해할 수 있습니다. 하지만 짧은 찰나의 순간일지라도 영의 눈으로 보게 된다면 환상 속에 내포된 의미가 무궁무진하다는 것을 알게 됩니다. 주님께서는 그동안 할머니를 괴롭혔던 질병의 영을 주님의 능력으로 뽑아내어 주셨던 것입니다. 나는 전투방언으로 질병의 영을 공격하며 대적한 것이 아니었습니다. 주님의 사랑에 감격하여 저절로 새노래 찬양이 흘러나온 것이었습니다. 그런데 놀라운 것은 그 새노래 찬양으로 하늘의 문이 열렸고 주님의 천사가 내려와 그동안 할머니를 억압했던 질병의 영을 끌고 간 것이었습니다. 그 할머니는 그 순간 자신의 몸에서 무엇인가가 쑥 빠져나가는 느낌을 받았고 자신이 질병에서 치유되었음을 알게 되었습니다. 내가 한 것은 오직 주님을 사랑함으로 새노래로 찬양한 것뿐이었습니다. 주님의 능력은 실로 놀랍습니다.

> "주님께서 내게 새 노래를 부르게 하셨습니다. 우리 하나님을 찬양하는 노래입니다. 많은 사람들이 이것을 보고 두려워 떨 것입니다. 그리고 여호와를 믿게 될 것입니다." (시 40:3, 쉬운)

새노래로 하나님을 찬양하십시오. 새노래로 찬양할 때 하늘의 문이 열립니다. 하늘로부터 오는 능력을 받게 됩니다. 하늘 문이 열리며 하나님의 임재와 통치가 이 땅에 쏟아져 내려옵니다. 하나님의 나라, 천국에서는 새노래 찬양이 날마다 울려 퍼지고 있습니다. 새노래로 찬양할 때 천국이 침노됩니다. 천국에서 누리는 평안을 우리 심령 안으로 끌어내려올 수 있습니다.

새노래로 여호와 하나님을 찬양하며 기뻐하십시오.

2) 기질과 능력방언과의 관계

우리는 방언의 성장 단계에서 능력방언(혹은 전투방언)을 거친 후에야 비로소 새노래 찬양이 임하는 것이 아닌가라고 생각할 수도 있습니다. 그러나 반드시 그렇지만은 않습니다.

천상의 세계를 예를 들어 설명하겠습니다. 오직 하나님께 순종하며 섬기는 천사들조차도(히 1:14) 그들의 사명에 따라 각각 직무가 다릅니다. 다니엘서 10장에 나오는 미가엘 천사장은 전투하는 천사입니다(단 10:13). 수호천사와 같이 보호하는 사명을 지닌 천사도 있습니다(시 91:11). 성도들의 기도를 모아 하나님 보좌 앞에 올리는 기도대접 천사가 있습니다(계 8:3). 가브리엘 천사와 같이 소식을 전해주는 천사도 있습니다(눅 1:19). 또한 천국에서 우리의 처소를 짓고 있는 천사들도 있습니다(요 14:2-3). 천상 세계의 천사들은 자신의 직임과 사명에 따라 질서 정연하게 움직이고 있는 것입니다.

이 땅에 살고 있는 하나님의 자녀인 우리도 이와 마찬가지입니다. 찬양하는 천사가 있는 것처럼 하나님을 찬양하고자 하는 갈망이 큰 사람이 있을 것입니다. 다른 사람을 권면하며 위로하며 세울 수 있는 기질과 성품을 지닌 사람도 있을 것입니다. 성도들을 가르치며 양육하는 사명을 가진 사람도 있을 것입니다. 영적전투에 능한 영적 용사들도 있을 것입니다.

혹시 찬양하는 것을 좋아하십니까? 그렇다면 새노래로 하나님을 찬양하는 기름부음이 임할 가능성이 높습니다. 하나님께 경배하며 찬양하는 천사처럼 우리도 새노래로 영적전쟁을 수행하며 하늘나라의 확장을 도모하는 일에 쓰임 받을 것입니다.

다른 사람을 세우며 권면하는 것을 기뻐한다면 성령께서 방언통변의 은사를 열어 주실 것입니다. 방언을 통변함으로 교회의 덕을 세우며 권면할 수 있도록 그 통로를 더 열어 주시는 것입니다. 다른 사람의 고통과 상처가 자신의 것처럼 느껴진다면 중보기도자의 사명을 받을 수도 있습니다.

이와 상대적으로 악한 영들을 쫓아내며 대적하며 공격하는 기도를 선호하는 사람도 있을 것입니다. 그들이 주로 사용하는 기도의 도구가 무엇입니까? 바로 전투방언입니다. 전쟁에 참전한 것처럼 대부분 '두두두두', '다다다다' 방언으로 기도할 것입니다. 하나님 나라의 확장을 방해하는 원수마귀 대적을 향해 미사일과 대포를 쏘며 방언으로 영적전쟁을 수행하는 것입니다. 하나님께서 영적용사로서의 기도 사명을 주신 것입니다. 이럴 경우 전투방언으로 기도하는 것을 선호한다면 기질상 새노래가 나오지 않을 수도 있습니다.

하나님께서는 우리 안에서 하나님이 기뻐하시는 일을 할 수 있도록 돕고 계시며 그 힘과 능력을 공급하십니다(빌 2:13). 우리의 기질과 성품을 존중하시며 이에 합당한 기도사명을 주시는 것입니다.

내가 아는 선교사님 중에 방언으로 '두두두두', '다다다다'하시며 기도하는 분이 계십니다. 함께 기도하다가 자신의 방언의 내용을 알고 있느냐고 물었더니 대충은 알고 있다고 말씀하셨습니다. 주로 영적 전쟁을 수행할 때 이런 방언이 터져 나온다고 했습니다. 이 전투방언으로 기도할 때 갑옷을 입고 무기를 들고 전쟁터에서 싸우고 있는 자신의 모습을 환상으로 보았다고 했습니다. 이 선교사님은 성령 안에서 전투방언으로 악한 영들을 결박하고 대적하는 영적전투를 하고 있었던 것입니다.

반면 나의 경우는 전투방언보다는 주로 새노래로 기도하는 것을 더 선호합니다.[20] 의도적으로 새노래 찬양을 불러야지 하고 부르는 것이

---

20) 새노래 또한 기도입니다. 영의 기도가 방언이라면 영의 찬양이 바로 새노래인 것입니다.

아니라 기도하다보면 저절로 새노래 찬양으로 바뀌게 됩니다. 어떤 때는 새노래로만 기도한 적도 많습니다. 새노래로 찬양할 때마다 하나님을 향한 사랑과 갈망이 내 안에서 용솟음칩니다. 그래서 개인적으로 새노래 찬양으로 기도하는 것을 더 좋아합니다.

그런데 이 선교사님께서 함께 기도하다가 갑자기 자신은 왜 새노래 찬양이 나오지 않느냐고 물었습니다.

"혹시 찬양하는 것 좋아하세요?"

이렇게 물었더니 "별로"라고 대답하셨습니다.

선교사로 파송받기 전에는 교회 사역을 감당해야 했기 때문에 할 수 없이 찬양을 불렀지만 사실 찬양하는 것을 좋아하지는 않는다고 했습니다. 오히려 찬양하는 것보다 '두두두두', '다다다다' 하면서 영적전쟁을 수행하는 것이 더 스릴 있고 좋다고 말씀하셨습니다. 그래서 자신의 기질과 성품에 따라 방언 또한 다르게 나타날 수도 있다고 설명해드렸습니다. 지금 이 선교사님은 새노래로 찬양하는 것을 부러워하지 않고 '두두두두', '다다다다'하시며 열심히 영적 용사의 사명을 잘 감당하고 계십니다.

이렇듯 하나님께서는 각 개인의 성품과 기질에 따라 기도사명을 주시며 성장하고 훈련시키십니다. 능력방언과 전투방언을 지나 새노래 찬양을 부르는 것이 아닙니다. 정해진 틀과 우선순위가 있는 것이 아니라 기질에 따라, 각자의 기도 사명에 따라 방언이 움직이는 것입니다.

3단계
성숙의 단계 : '방언 통변'

1) 말씀하시는 하나님

우리는 '하나님의 음성을 듣는다'고 하면 외부로부터 우레와 같은 음성을 듣는 것이라고 생각합니다. 물론 다메섹 도상에서의 바울처럼 예수님의 강렬한 음성을 들을 수도 있겠지만(행 9:3-7) 이것은 보편적인 경우는 아닙니다. 사도 바울의 경우처럼 외부로부터 음성을 듣기보다는 일반적으로 우리의 영안에 계신 성령님으로부터 음성을 듣게 됩니다.

> "너희는 너희가 하나님의 성전인 것과 하나님의 성령이 너희 안에 계시
>
> 는 것을 알지 못하느냐" (고전 3:16, 개정)

사도행전 2장에 기록된 오순절 마가다락방의 성령강림의 사건 이후에 본격적인 성령의 시대로 접어들었습니다. 성령의 시대가 도래되기 이전인 구약시대에는 선지자와 같은 특별한 사람만이 하나님의 음성을 들었습니다. 하나님께서 선택하신 소수의 사람만이 하나님의 음성을 들었던 것입니다. 그러나 이제는 임마누엘의 하나님으로서 우리와 함께

하시기 때문에(마 1:23) 성령님의 음성을 누구든지 들을 수 있게 되었습니다. 성령께서 내주하신다면 하나님의 음성이 이미 우리 안에 존재하고 있는 것입니다. 이제 누구나 할 것 없이 하나님의 음성을 듣고 동행하는 삶을 살 수 있는 시대가 열린 것입니다. 은혜의 시대인 것입니다.

그러므로 우리가 거듭났다면, 또한 성령님을 환영하고 모셔 들였다면 서서히 그 분과의 친밀도를 높여나가야 합니다. 아버지와 자녀로서의 관계를 회복하며 소통을 이루며 대화해야 하는 것입니다. 하나님께서는 아브라함과 대화했던 것처럼, 얼굴과 얼굴을 대면하여 모세와 이야기했던 것처럼 우리와도 친히 대화하기를 기대하십니다.

그래서 "말씀하옵소서! 주의 종이 듣겠나이다"(삼상 3:10)라고 고백했던 사무엘의 고백이 이제 우리의 고백이 되어야 합니다.

"성령님. 말씀하소서. 주님의 말씀을 사모합니다. 주님의 말씀을 기대합니다. 제가 듣겠나이다. 말씀하소서."

이러한 고백을 통해 성령하나님의 말씀을 기대하며 소망할 때 성령께서는 우리 안에서 더 강력히 말씀하시며 동행하실 것입니다.

2) 방언통변은 하나님의 음성을 듣는 통로

방언은 '자기의 영으로 하나님께 비밀을 말하는 것'이므로 지속적으로 방언으로 기도할 때 하나님과의 통로가 확장되게 됩니다(고전 14:2).

방언은 영적인 감각을 민감하게 하며 활성화시키는 기능이 있으므로 지속적으로 방언으로 기도할 때 하나님과 연결되어지는 영적인 통로가 확장되게 됩니다. 이렇게 방언을 통해 우리의 영이 활성화될 때 성령님께서는 주권적인 권능으로 방언통변(통역)의 은사를 선물로 주심으로 하나님과의 대화의 통로를 열 수 있습니다.

> "어떤 사람에게는 능력 행함을, 어떤 사람에게는 예언함을, 어떤 사람
>
> 에게는 영들 분별함을, 다른 사람에게는 각종 방언 말함을, 어떤 사람
>
> 에게는 방언들 통역함을 주시나니" (고전 12:10, 개정)

방언 통변함의 은사는 초자연적인 성령의 은사입니다. 특별히 방언 통변은 성령님이 하나님과 대화할 수 있는 음성의 통로를 열어 주시는 것입니다. 이 방언 통변을 통해 알아듣지 못하는 방언이 알아들을 수 있는 언어로 풀어지게 됩니다. 우리의 지식과 생각으로 언어가 만들어지는 것이 아니라 내주하신 성령께서 방언의 숨은 뜻을 언어로 풀어주시는 것입니다.

3) 방언 통변의 성장 단계들

방언이 처음 임했을 때는 '어린 아이와 같은 방언'의 형태를 띠게 됩

니다. 그러나 방언이 성장하면서 '능력 방언'이 됩니다. 여기서 방언이 더 성숙하거나 비록 온전히 성숙하지는 않았을지라도 많은 분량 방언으로 기도하게 될 때 '능력 행함, 예언, 방언 통변 등과 같은 초자연적인 은사들'이 임하게 됩니다.

그러나 우리가 주목해야 할 것은 초자연적인 은사들이 임할 때 그것들이 처음부터 강력한 능력으로 임하는 것이 아니라 초기 단계에서는 씨앗의 형태로 임하게 된다는 것입니다. 이러한 씨앗 형태의 은사가 하나님의 훈련들을 통해 성장될 때 비로소 강력한 능력이 동반되는 권능이 됩니다. 여기서는 여러 가지 초자연적인 은사 중 '방언 통변'을 중심으로 어떻게 이것이 성장하고 발전하게 되는지에 대해 말씀을 드리고자 합니다.

① 방언 통변의 초기 단계 : '하나님과 친밀도를 높이는 단계'

방언이 성숙의 단계를 거치면서 하나님의 은혜가 깃들 때 성령께서 말을 걸어오십니다. 우리의 영안에 계신(고전 3:16) 성령하나님께서 우리에게 말을 걸어오시는 것입니다. 우리가 모든 것을 내려놓고 중보하며, 하나님 나라의 확장을 위해 수고하며 헌신할 때 성령께서 말을 거시는 것입니다.

"내 아들(딸)아. 네가 많이 힘들구나. 내가 너에게 좋은 것을 주기를 원하는도다. 내가 너를 도우리라. 내가 너를 사랑하노라."

하나님께서 그분의 자녀를 위로하기 위해 방언통변을 통해 말을 붙이시는 것입니다(고후 1:3-4). 성령께서는 위로하며 권면하며 사랑하며 우리를 위해 좋은 것을 예비하고 있다는 것을 깨닫게 하기 위해 우리 안에서 말씀하시는 것입니다(신 31:6; 수 1:5-9).

몇 년 전 방언통변을 통해 직접적으로 위로와 치유의 하나님을 경험한 적이 있었습니다. 멕시코에서 있었던 일입니다. 외출을 하기 위해 미리 두 딸을 차에 태웠습니다. 그때 남편은 운전석에 앉아 있었고 나는 뒷좌석에 앉아 있는 딸아이를 챙기느라 몸의 상반신만 차에 실은 상태였습니다. 그런데 남편은 내가 차에 탄줄 알고 차를 출발시켰습니다. 나의 오른발이 순간적으로 자동차의 뒷바퀴에 깔리게 되었습니다. 순식간에 일어난 일이었습니다. 그 순간 고통으로 소리를 지르자 놀란 남편은 차를 다시 뒤로 후진하면서 두 번 연속 오른발이 차 뒷바퀴에 깔리게 되었습니다.

만약 빠른 속도로 달리고 있는 차에 발이 깔렸다면 아마도 그 고통이 덜할 것입니다. 그런데 서서히 움직이는 바퀴에 같은 발이 두 번이나 깔리게 되니 이루 표현할 수 없을 만큼 고통스러웠습니다. 결국 오른발이 거의 으스러진 상태로 병원으로 실려 갔습니다. 심한 통증으로 정신을 차릴 수 없을 정도였으나 이동하는 차 안에서 계속 방언기도가 터져 나왔습니다. 그 와중에 "딸아. 두려워하지 말아라. 삼일 이후에 걷게 될 것이니라"라고 방언이 통변되었습니다. 하지만 병원에 가서 보니 상당히 심각한 상태였습니다.

사람은 아플 때 더욱 서러워지는가 봅니다. 얼마나 슬프고 외롭던지 저절로 통곡이 나왔습니다. 말 벗 하나 없는 선교지에서 홀로 지냈던 일들이 파노라마처럼 떠올라 결국 통곡하며 울었습니다. 삼일 동안을 침상에서 방언으로 기도하며 울며, 또 다시 기도하기를 반복했습니다.

그런데 사고 삼일 째가 되었는데도 전혀 차도가 없는 것이었습니다.

'분명 삼일 있으면 걷게 될 것이라고 하셨는데 내가 잘못 들었나?'하는 의심이 들자마자 "내가 치유하리라"라고 또 다시 방언이 통변되었습니다. 이렇게 기도하며 침상에 누워 있는데 갑자기 오른쪽 발이 들려지더니 전기충격을 가하는 것처럼 찌릿하면서 뜨거운 불이 임했습니다. 순간적으로 치유가 되었음을 알았습니다. 그 순간 여호와 라파[21]로 임하셔서 치유해 주셨고 그 즉시 걸을 수 있게 되었습니다.

이 체험을 통해 방언 통변에 대한 강한 확신을 갖게 되었습니다. 이전에는 통변의 은사가 임하지 않았으므로 주로 방언으로만 기도했습니다. 그러나 방언통변이 하나님의 음성을 듣는 통로임을 알게 된 후부터 방언통변을 사모하며 훈련해 나갔습니다.

초기 단계에서의 통변의 현상

방언통변의 은사는 능력방언이나 혹은 새노래 찬양의 일정한 순서를 거치고 난후 임하는 것은 아닙니다. 방언을 많이 하게 되면 영이 활성화되어 영안에 계신 성령님의 음성을 듣게 될 때부터 열리기 시작합니

---

21) 여호와 라파 (Jehovah-Rapah)는 치료, 치유, 회복해 주시는 하나님이란 뜻입니다(출 15:26).

다. 이 통변의 은사는 방언이 일정수준의 성숙의 단계에 이르렀을 때 나타나는 은사입니다.[22]

초기 단계의 방언통변은 막 걸음마를 배우고 있는 아이처럼 천천히 한 발짝, 한 발짝 발을 떼는 시기와 같습니다. 그렇다고 이 단계를 지나갈 때 '지금부터 방언통변 초기 단계로 들어간다'는 특별한 사인이 있는 것은 아닙니다. 이미 방언기도를 충분히 하고 있다면 대부분 방언통변 초기 단계에 다다른 경우가 많습니다. 특별히 방언으로 중보하는 경우 언어적 통변이 아닐지라도 이미 그 기도 내용을 알게 되는 경우가 많습니다. 이것 또한 초기 단계에 속하는 것으로서 방언통변의 일종입니다. 설령 방언을 언어로 통변하지 않을지라도 방언으로 기도할 때 환상이나 성령의 내면적인 음성을 부분적으로 듣고 있다면 이 단계에 해당되는 것입니다.

나의 경우는 처음 방언통변의 은사가 임하고 아래와 같은 통변이 주로 나왔습니다.

"사랑하는 내 딸아. 내가 너를 사랑하노라. 두려워 마라. 내가 너

---

22) 비록 우리의 영이 성숙해지지 않았을지라도 방언의 은사는 임할 수 있습니다. 그러나 방언통변의 은사는 방언의 성숙의 단계를 거치면서 우리의 영이 거룩해질 때 온전한 형태의 통변의 은사가 열리게 됩니다. 물론 방언통변의 은사도 다른 은사와 마찬가지로 씨앗의 형태로 주어지며 훈련과 성장의 단계를 거쳐 열매 맺게 됩니다. 그렇기 때문에 설령 방언통변의 은사가 임했다할지라도 초기단계의 방언통변은 여전히 미숙할 수 있습니다.

와 함께 하리라."

성령께서 6개월 정도까지 방언통변으로 이 말씀만을 주로 주셨습니다. 방언을 할 때마다 매번 같은 통변으로 위로하셨고 사랑을 전해 주셨습니다. 간혹 내가 제대로 방언을 통변하고 있는 것인지 의심할 때도 많았습니다. 때로는 내 생각을 방언 속에 가미시켜 말하고 있는 것일지도 모른다는 생각도 들었습니다. 이제 막 걸음마를 배우고 있는 미숙의 단계였으므로 성령님의 음성을 온전히 들을 수 없었던 것입니다.

그러나 통변을 할 때 분명한 차이를 느낄 수 있었습니다. 비록 매번 비슷한 통변이 나올지라도 그 음성이 성령님으로부터 온 것이라면 강력한 울림이 있다는 것입니다. 강력한 감동이 있었습니다. 감격과 통곡이 있었습니다. 반면 아무리 유창한 언어로 통변을 한다 할지라도 성령님으로부터 온 것이 아니라면 아무런 감동이 없습니다. 사람의 생각이기 때문입니다. 통변된 언어가 얼마나 유창한지의 여부가 아니라 어디로부터 온 음성인가가 더 중요하다는 것을 기억해야 합니다.

또한 이 단계에서는 한 단어, 한 단어가 머릿속에 떠올라 방언이 통변되기도 합니다.

이해를 돕기 위해 예를 하나 들겠습니다. 중보기도자가 누군가를 위해 중보하고 있는데 '순종'이라는 단어가 떠오를 수 있습니다. 그러나 오로지 이 한 단어만으로는 온전한 통변을 하기가 어렵습니다. 순종을 하라고 하시는 것인지, 순종하지 않았으므로 주님께서 책망하시는 것인지 도통 분별할 수가 없습니다.

그러나 '순종'이라는 한 단어가 떠올랐다고 해서 우리 안에 내주하신 성령께서 그렇게 말씀하신 것은 아닙니다. 성령께서는 오히려 "내가 너의 순종으로 기쁘도다. 순종하기 어려웠음에도 순종한 너의 헌신으로 기쁘도다"라고 완벽한 문장으로 말씀하셨습니다. 하지만 이렇게 긴 문장 중에서 '순종'이라는 음성만을 또렷하게 들은 것입니다. 아직 온전히 성령님의 음성을 받을 수 있는 충분한 기름부음이 채워지지 않았기 때문입니다.

또한 우리의 통로가 거룩하고 깨끗하지 않다면 이 단계에서 다소 왜곡된 성령의 음성을 받을 수도 있다는 것을 기억해야 합니다. 그렇기 때문에 이 단계에서 선불리 예언사역을 감당하려 한다면 크나 큰 오류를 범할 수 있습니다.

이 밖에도 우리의 생각으로, 혹은 감동으로 넣어주는 통변이 있습니다. 우리의 생각이나 감동 또한 우리의 혼적인 작용에 의해 영향을 받을 수 있습니다. 하나님의 감동이라고 흔히 말하고 있지만 실제 하나님의 음성이 아닌 우리가 원하는 감동일 수도 있는 것입니다. 이렇듯 방언통변 초기 단계에서는 한 단어나, 부분적인 영상들이 떠오르게 되므로 완전하다고는 할 수 없습니다. 더욱이 고정관념이나 선입견이 작동될 경우 지식의 창고에서 우리의 생각이 나올 수도 있습니다.

모든 성령의 은사들은 성장하며 훈련하며 성숙되는 과정을 거쳐 갑니다. 방언과 방언통변함도 마찬가지로 훈련하며 성장하는 단계를 거처 갑니다. 이런 과정을 거쳐 방언통변이 개인적 기도 차원이 아니라 예언사역으로 확대된다면 주님께서 부어주시는 기름부음도 현저하게 차이가 나게 됩니다. 만약 이 단계에서 환상이 동반된다면 보는 영역이 확장된 '선견자적 사역'이 열릴 수 있습니다. 혹은 방언으로 기도할 때 단어가 아니라 문장으로 풀어지기 시작한다면 이때부터 '예언자적 사역'이 펼쳐질 수도 있습니다.

하지만 이 단계까지 이른 사람들 중에서도 더 이상의 성장을 두려워하는 경우가 많습니다. 자신을 비워야 하기 때문입니다. 이때부터 본격적인 내려놓음의 훈련과 엄청난 기도분량이 필요하기 때문입니다. 자신은 죽고 오직 예수 그리스도의 영으로 거듭날 때 더 큰 성장을 이룰 수 있다는 것을 알고 있기에 뒤를 돌아보는 것입니다(빌 1:20-21). 이 단계에서 하나님과의 온전한 소통의 통로를 열기 위해서는 피나는 기도훈련과 영적전쟁이 수반되어야 합니다. 그렇지 않다면 더 큰 성장을 이룰 수 없게 됩니다.

② 방언 통변의 성장 단계 : '예언사역의 단계'

비움과 채움 : '버린 만큼 하나님의 것으로 채워집니다.'

방언을 하면 할수록 영이 활성화되고 영감이 깨어나 언어적 방언통변은 아닐지라도 환상이나 감동으로 성령님의 음성을 들을 수 있습니다. 이것 또한 초기 단계 방언통변의 일종이라고 이미 말씀드렸습니다.

그러나 예언사역[23]의 단계로 접어들게 된다면 보다 더 구체적인 언어로 통변이 되어야 합니다.

한 단어, 한 단어가 떠오르는 부분적인 음성을 받는 것이 아니라 전체적인 문장을 성령께 받아야 합니다(행 21:10-11). 단편적 영상이 아닌 전체를 파악할 수 있는 환상이 동반되어야 합니다(행 10:10-20). 이럴 때 개인적인 기도가 예언 사역으로 발돋움을 하게 되는 것입니다. 걸음마를 배우는 유아기를 지나 혼자서도 제대로 설 수 있는 청년의 시기로 접어드는 것입니다. 유아기가 부모의 각별한 보살핌을 받는 시기라면 청년의 시기는 책임과 권한이 함께 부여되는 시기입니다. 쉽게 설명하자면 방언통변 초기 단계가 성령님의 세밀한 인도함을 받는 단계라면, 예언 사역의 단계는 성령님의 통치함을 받는 단계로 접어드는 것입니다.

이 단계에서 무엇보다 필요한 것이 바로 '요셉의 감옥생활'(창 39:20)과 '다윗의 아둘람 동굴 생활'(삼상 22:1)입니다. 초기 방언 통변이 예언 사역의 단계로 성장하기 위해서는 반드시 이러한 시간들이 필요한 것입니다. 홀로 있는 시간이요, 골방에서 기도하는 시간들을 반드시 거쳐야 하는 것입니다. 이 시기에 '골방 기도'를 통해 하나님과의 친밀도를 키워

---

23) 예언이라 함은 예수님의 몸인 교회를 견고히 세우기 위해 권면하며 위로하며 하나님의 메시지를 전하는 초자연적인 능력입니다. 예언은 성령님의 도우심을 받아 하나님의 마음을 상대방에게 전달하는 것입니다. 하나님의 감동으로부터 온 예언은 마치 점치는 사람이 길흉화복을 말하며 미래를 점치는 것과 같은 그러한 저급한 수준이 아닙니다. 교회를 향해, 성도 개인을 향해 '하나님의 메시지'를 전하는 귀하고 값진 은사인 것입니다.

나가야 하는 것입니다. 하나님께 순복하며 하나님의 마음을 받는 눈물의 골방 시간[24]을 반드시 거쳐야 하는 것입니다. 이러한 골방의 시간을 거치지 않고서는 결코 성숙한 예언사역자로 거듭날 수 없습니다.

나의 경우에도 하나님께서 선교사로 부르신 후 세상을 향해 열려 있는 문들을 닫으시며 골방으로 이끌어 가셨습니다. 세상의 문이 하나하나 닫혀 질 때마다 하늘의 문은 서서히 열려지기 시작했습니다.

오로지 복음을 전할 수 있는 유일한 통로만을 열어 주셨습니다. 멕시코의 한인들과의 교제도 끊게 하셨고, 대신 골방에서 방언통변으로 기도하게 하셨습니다. 오직 골방에서 하나님을 만날 수 있는 기도의 통로만을 열어주시며 세상을 버리는 훈련을 해 나가도록 인도하셨습니다.

그렇게 좋아했던 텔레비전(TV)을 보지 않기 시작했습니다. 그렇게 좋아하며 잠시라도 손에서 놓지 못했던 핸드폰을 버렸습니다. 그렇게 좋아했던 인터넷도 특별히 하나님께서 허락한 경우가 아니라면 보지 않게 되었습니다.

하나님보다 앞선 것이 있다면 과감히 버리는 훈련을 하기 시작했습니다. 세상의 소음과 세상의 음성으로부터 자유해지는 만큼 하늘의 통

---

24) 골방의 기도훈련이 고단해서 눈물을 흘리는 것이 아니라 하나님을 사랑하므로, 하나님의 마음을 알게 되므로 눈물을 흘리는 것입니다. 골방의 시간은 하나님 안에서 진정으로 안식하며 그 분 안에서 자유하는 시간입니다.

로가 열려지는 것을 경험하게 하셨습니다. 하나님의 음성을 제한하며 차단하는 것들을 버려 나갈 때마다 그 분의 음성을 더 선명히 들을 수 있었습니다. 그렇다고 무조건 버리는 것만이 능사는 아닙니다. 버려야 할 것이 무엇인지를 성령께 물으며 분별하며 버려나가야 합니다. 거추장스럽게 움켜쥐고 있었던 것을 하나씩 버려나갈 때 비로소 제대로 볼 수 있으며 들을 수 있었습니다.

이 세상의 모든 것들을 다 잃을지라도 오직 하나님만 붙잡을 수 있다면 그것이 가장 축복받은 인생이라는 생각이 들었습니다. 하나님을 알아 가면 알아갈수록 이 세상의 화려한 것들이 무가치하게 느껴졌습니다. 세상의 풍요로운 삶을 하나하나 버려나갈 때 예수 그리스도 안에서의 풍성한 삶으로 성령께서 친히 인도하셨습니다.

초기 예언사역 단계에서 필요한 훈련의 형태

방언통변 초기 단계에서는 하나님과 동행하는 삶, 거룩한 통로로 만들어지는 삶, 하나님 안에 머무는 삶 등 주로 삶의 방식들을 점진적으로 바꿔나가는 훈련이 필요했습니다. 그러나 예언사역 단계에서는 보다 더 구체적인 훈련에 돌입해야 합니다.

첫째, 기도의 분량을 절대적으로 늘려야 합니다.

하나님과 독대하며 하나님의 마음을 받는 피나는 기도훈련을 시작해야 합니다. 일회성이 아니라 날마다 쉬지 않고 기도하는 훈련을 해야 합니다. 여기서 기도한다는 의미는 단순히 일방통행의 기도가 아닌 아버지의 마음을 받는 쌍방통행의 기도를 의미하는 것입니다.

둘째, 생각을 차단하는 훈련[25]을 해야 합니다.

인간은 이성의 동물, 즉 생각하는 존재입니다. 얼마나 많은 생각을 하며 사는지 한 시간에 대략 이천 가지, 하루 동안 무려 오만여 가지의 생각을 한다고 합니다. 그래서 오만가지 생각이라는 단어가 생겼다고 합니다. 이렇듯 끝도 없이 밀려들어오는 생각의 홍수 속에서 의도적으로 생각을 차단하는 훈련을 하지 않는다면 결코 순도 높은 성령님의 음성을 들을 수 없습니다. 들을지라도 부분적으로 듣게 되므로 예언사역의 단계로 성장할 수 없습니다. 생각을 차단하는 훈련을 시작한다면 자신의 생각이 가미된 예언을 하는 오류를 점진적으로 줄여나갈 수 있습니다.

나의 경우 예언사역을 열어 주시면서 가장 힘들게 훈련했던 것이 바로 골방의 기도훈련과 생각의 차단훈련이었습니다. 방언통변 초기 단계에서 성령께서 "생각을 차단하고 분별하여라"라는 메시지를 주셨습니다. 나의 혼에서 나오는 생각과 감정을 다스릴 때 비로소 나의 영에서

---

25) 생각을 차단하는 훈련이라고 해서 뉴에이지나 요가, 단전호흡 등에서 사용하는 훈련을 생각하시면 절대로 안 됩니다. 이러한 것은 이교도적인 것으로 생각을 차단하는 것이 아니라 오히려 사탄에게 생각 전체를 송두리째 빼앗길 수 있는 통로를 강력하게 열어주는 어리석은 행위입니다.

나오는 성령님의 음성을 전달할 수 있는 것입니다. 우리의 혼적인 생각은 주님의 메시지가 투영되어 나오는 통로를 막는 큰 장벽입니다. 제대로 뚫어야 합니다. 이 거대한 장벽을 뚫기 위해서는 절대적인 훈련이 필요한 것입니다.

나 같은 경우는 생각이 떠오를 때마다 방언으로 기도했습니다. 생각이 들어올 때마다 무조건 방언으로 기도했습니다. 아이의 기저귀를 갈다가도 갑자기 서운한 생각이 들어오면 대적하며 방언으로 기도했습니다. 청소를 하다가도 쓸데없는 생각이 떠오르면 방언으로 기도하며 생각을 차단했습니다. 생각을 차단하는 훈련을 하다 보니 생각이 분별되기 시작했습니다.[26]

그때 주님께 이렇게 기도했습니다.

"주님! 하나님의 통로가 아닌 나의 생각이나 사탄적인 생각이 들어올 때마다 자동적으로 방언이 터지게 하소서. 만약 악한 영이 생각을 넣어 준 것이라면 그 순간 그 생각이 어떤 것이었는지조차도 잊어버리게 하소서."

지금 생각해보면 터무니없이 우스운 기도지만 주님께 이러한 기도를 올리게 된 합당한 이유가 있었습니다. 본격적으로 생각을 차단하는 훈련을 하고 있을 때 악한 영이 사람들의 귀에 사탄적인 생각을 넣어주는 것을 영안을 열어 보여 주셨기 때문입니다. 악한 영이 생각을 넣어주고

---

26) 방언을 하면 할수록 분별의 은혜가 임하게 됩니다. 성령께서 분별의 영으로서 우리 안에 거하시므로 영이 깨어나 활성화되게 되면 분별력 또한 상승하게 되는 것입니다.

있음에도 불구하고 사람들은 자신의 생각인 것처럼 오히려 자연스럽게 받아들였습니다. 악한 영은 교묘한 방법으로 귀에 속삭이며 사탄적인 생각을 주입시키고 있었습니다. 그 생각을 받은 사람들은 사탄의 뜻대로 움직이며 하나님의 선한 영향력을 잠식해 나가는 사탄의 도구로 사용되고 있었습니다.

이렇듯 우리가 알지 못하는 사이에 사탄으로부터 생각을 받을 수도 있습니다. 뿐만 아니라 자신의 생각도 충분히 방언통변에 가미될 수 있다는 것입니다. 그렇기 때문에 온전한 성령님의 음성으로 방언을 통변하기 위해서는 생각을 차단하는 훈련을 반드시 해야 합니다.

셋째, 세상의 소리를 차단해야 합니다.

TV나 인터넷, 각종 매체를 통해 흘러나오는 세상의 소리로부터 자유해야 합니다. TV나 인터넷을 통해 뿜어져 나오는 악한 기운들은 우리의 영을 하나님으로부터 멀어지게 합니다. 멀어지게 할뿐만 아니라 하나님을 대적하게 할 수도 있으며 종국에는 지옥 불에 밀어 넣을 수도 있습니다.

현 시대에 가장 강력한 사탄의 도전은 바로 TV와 인터넷, 각종 매체를 통해 악의 영향력을 넓혀가는 것입니다. 음란, 중독, 마약, 자살, 불순종의 영들을 무분별하게 퍼뜨리며 우리의 영혼을 점차적으로 잠식해 나가는 것입니다. 만약 세상의 소리를 차단하지 않는다면 세상의 소리에 묻혀 결국 하나님을 잃어버리게 될 것입니다.

넷째, 생각(음성)을 분별해야 합니다.

어떤 것이 하나님의 음성인지, 어떤 것이 나로부터 나오는 음성인지, 어떤 것이 사탄으로부터 온 음성인지를 분별하는 훈련을 해야 합니다. 이미 앞서 나누었듯이 우리 안에 계신 성령께서 통치자로서 강하게 역사하신다면 성령의 분별이 곧 우리의 분별이 됩니다. 성령께서 분별의 영을 강하게 부어주시므로 생각의 통로와 근원도 분별이 되는 것입니다. 그러나 그 단계에 이르기 전까지는 음성을 분별하는 훈련을 해야 합니다.

> "육체의 일은 분명하니 곧 음행과 더러운 것과 호색과 우상 숭배와 주술과 원수 맺는 것과 분쟁과 시기와 분냄과 당 짓는 것과 분열함과 이단과 투기와 술 취함과 방탕함과 또 그와 같은 것들이라 전에 너희에게 경계한 것 같이 경계하노니 이런 일을 하는 자들은 하나님의 나라를 유업으로 받지 못할 것이요 오직 성령의 열매는 사랑과 희락과 화평과 오래 참음과 자비와 양선과 충성과 온유와 절제니 이같은 것을 금지할 법이 없느니라 그리스도 예수의 사람들은 육체와 함께 그 정욕과 탐심을 십자가에 못 박았느니라" (갈 5:19-24, 개정)

나 같은 경우에는 단순무식하게 훈련했습니다. 이 성경말씀에 근거하여 하나님으로부터 오는 것(성령의 열매)은 선하고 좋은 것이며, 사탄으로부터 오는 것(육체의 일 포함)은 악하고 더러운 것이라고 단정했습니다. 그래서 시기, 질투, 분노, 분쟁, 음행, 방탕, 불안, 두려움, 좌절, 슬픔,

우울함의 감정과 생각이 올라올 때마다 무조건 대적하며 예수님의 보혈로 덮었습니다. 반면 사랑, 희락, 화평, 즐거움, 기쁨, 행복한 감정들이 생길 때마다 주님 안에서 기뻐하며 더욱 즐거워했습니다.

　　신기하게도 하나님으로부터 온 생각과 음성은 내 안의 기쁨을 배가시켰습니다. 반면 사탄으로부터 들어온 생각들은 점차적으로 횟수가 줄어져 갔습니다.

다섯째, 혈과 육의 싸움을 싸워 나가야 합니다.

　　이 단계에서는 피나는 자기와의 싸움을 시작해야 합니다. 절대 속사람과 겉사람의 싸움을 간과해서는 안 됩니다. 방언을 많이 한다고 해서 겉사람과 속사람의 싸움에서 반드시 속사람이 이기는 것은 아닙니다. 방언을 많이 한다고 해서 성령의 열매가 저절로 맺어지는 것도 아닙니다. 물론 도움을 줄 수는 있겠지만 주님께 헌신하고 굴복하며, 겉사람의 기질들을 쳐서 복종시켜야 하는 훈련을 해야 합니다.

　　겉사람의 기질이 복종되지 않은 상태로 예언사역을 감당한다면 예언 속에 겉사람의 기질이 가미될 수 있습니다. 그렇게 될 때 겉사람의 기질로 인해 속사람(성령님, 나의 영)으로부터 나오는 통로가 막힐 수 있습니다. 하나님의 통로가 아닌 자신의 생각, 선입견과 고정관념이 첨가될 수 있으므로 올바른 예언이 나올 수 없습니다. 온전히 성령님께 통치된 속사람의 기질이 드러날 때 제대로 하나님의 음성을 전달할 수 있습니다.

"그러므로 우리가 낙심하지 아니하노니 우리의 겉사람은 낡아지나 우

리의 속사람은 날로 새로워지도다" (고후 4:16, 개정)

그러나 낙심하지 마십시오. 속사람과 겉사람의 싸움을 지속적으로
해 나간다면 연약한 우리를 성령께서 도와주시므로 승리할 수 있습니
다. 속사람과 겉사람은 계속적으로 싸워야 합니다. 흥미로운 것은 속
사람과 겉사람의 충돌이 심하면 심할수록 상대적으로 하나님의 음성이
더 선명해진다는 것입니다!

또한 이 단계에서는 내 안의 영적전쟁을 수행해야 합니다. 하지만
이 단계에서의 영적전쟁은 방언 초기 단계에서의 내 안의 영적전쟁과 다
소 차이가 있습니다. 방언 초기 단계의 영적전쟁[27]은 우리 안에 악한 영
들(귀신)이 숨어 있거나 처소를 틀고 있을 때 대적하며 쫓아내는 일로서
방언에 그러한 순기능이 있다고 말씀드렸습니다.

그러나 예언사역 단계에서의 영적전쟁은 '우리의 영혼육[28] 가운데 누
가 리더로 서느냐'의 전쟁입니다. 하나님의 통치기관인 영이 리더로서

---

27) "우리의 씨름은 혈과 육을 상대하는 것이 아니요 통치자들과 권세들과 이 어둠의 세상 주관자들과 하늘
에 있는 악의 영들을 상대함이라"(엡 6:12, 개정)
28) 삼분설 혹은 이분설의 관점으로 영혼육에 대해 설명하는 것이 아닙니다. 영은 하나님의 통치기관이며, 혼
은 우리의 각 객체를 나타나는 기관이며, 육은 혼의 통치를 받는 기관이라는 관점에서 말씀드리는 것입니
다. 참고로 삼분설은 인간의 구성요소가 영+혼+육으로 이루어졌다는 견해이며, 이분설은 영혼+육으로
이루어졌다는 견해입니다.

우리의 삶을 이끌어 가도록 혼의 생각과 감정들을 분별하며 버려 나가는 훈련을 하는 것입니다. 이러한 훈련을 통해 혼적인 생각과 감정들이 서서히 정화되어 갑니다. 혼의 생각과 감정들이 정화되어 갈 때 혼의 통치를 받는 육체조차도 쳐서 복종시킬 수 있게 되는 것입니다(고전 9:27).

영은 하나님의 공간이며 하나님의 통치기관입니다. 영이 리더로서 혼과 육을 통제해 나간다면 그만큼 하나님의 통치가 우리 안에서 확장될 수 있는 것입니다. 하나님의 통치기관인 영이 리더가 될 때 주님의 음성을 더 선명히 듣게 되는 것입니다.

여섯째, 성경을 더욱 묵상해야 합니다.

하나님으로부터 온 음성과 예언은 절대로 성경에서 벗어나지 않습니다. 성경말씀이 바로 예언의 기반이며 근원입니다. 성경에서 벗어난 예언은 바르지 못한 예언입니다. 성경과 예언은 반드시 함께 가야 합니다. 예언이 성경보다 절대로 앞서서는 안 됩니다. 예언의 정확성의 여부도 성경적인 관점에서 재확인해야 합니다.

진정한 예언은 세상에서 점치는 것과 같이 길흉화복과 미래를 알아맞히는 수준이 아닙니다. 진정한 예언은 우리의 영안의 통로를 통해 투영되어 나온 하나님의 음성과 메시지를 전달하는 것입니다. 그러하므로 날마다 하나님의 말씀인 성경을 묵상하며, 성경을 잣대로 삼아 예언의 정확성을 분별하는 훈련을 해야 합니다.

일곱째, 모든 것을 주님께 물어야 합니다.

모든 것을 주님께 묻는다는 것은 나의 뜻을 내려놓고 주님의 뜻에 순종하겠다는 자기부인의 표현입니다. 주님께 묻는다는 것은 생각의 통로를 주님께 열겠다는 의미입니다. 주님께 묻는다는 것은 주님과의 친밀도가 그만큼 깊어졌다는 확증입니다.

이 단계에서는 반드시 주님께 묻는 훈련을 해 나가야 합니다. 나의 경우 생각이 떠오를 때마다 방언을 하면서 주님께 묻는 훈련을 했습니다.

"주님. 너무 속상해요. 어쩌면 나한테 그렇게 말할 수 있죠?"

"주님. 그 사람에게 오늘 전화를 해야 하나요?"

심지어 "주님, 오늘 이 옷을 입고 갈까요?"

아마도 사람에게 물었다면 분명히 '네 맘대로 하세요' 했을 것입니다. 그러나 신실하신 주님께서는 이렇게 하찮은 질문에도 내면의 음성으로 애정을 담아 하나하나 응답해 주셨습니다. 사소한 것도 성령께 물으며, 또 물으며, 또 다시 물었습니다. 이런 과정들을 거쳐 갈 때 오만가지 생각들이 잠잠해 지면서 주님의 음성을 듣는 통로가 더 넓어지게 됩니다.

여덟째, 방언통변을 받았다면 그것을 기록하십시오.

방언통변을 통해 하늘의 비밀들이 풀어질 수 있습니다. 예언적인 계시들이 풀어질 수 있습니다. 주님과의 대화의 통로가 더 열릴 수 있습니다. 주님의 마음을 받을 수 있습니다. 방언통변으로 주님의 마음을 받았다면, 주님의 사랑을 받았다면 그것을 기록해 놓으십시오.

방언통변을 기록하는 것은 누군가에게 보여주며 과시하기 위함이 아닙니다. 힘들고 지치고 낙망되어 주님의 음성이 저만치 멀어졌다고 느껴질 때 다시 그 기록을 꺼내 보기 위함입니다. 주님의 사랑이 얼마나 뜨거웠는지, 주님의 사랑이 얼마나 절절했는지, 그 기록을 통해 다시 확인하기 위함입니다. 이러한 주님의 음성을 통해 우리는 다시 회복 될 수 있으며 다시 일어날 수 있게 되는 것입니다.

성장한 예언사역 단계에서의 통변 현상

방언통변의 초기 단계에서 몇 개의 단어나 단편적인 영상으로 음성을 받았다면 예언사역의 단계는 그보다 훨씬 성장한 단계입니다. 그러나 이 단계에서도 기름부음에 따라 음성을 듣는 방법에 여러 차이가 있을 수 있습니다.

이 단계에서는 통변을 할 때 내면에서 종이에 글이 써져 있는 것을 보고 통변을 하기도 합니다. 물거품처럼 글자가 부풀어 올라오기도 합니다. 때로는 타자기로 글자를 치는 것처럼 글자가 한 글자씩 처지기도 합니다. 혹은 성령께서 내면의 음성으로 직접 말씀하시기도 합니다. 성령의 직접적인 음성을 듣고 통변하는 단계에 도달한 것입니다.

이 외에도 다양한 방법으로 성령께서 방언통변의 음성을 주십니다. 그러나 매번 동일한 방법으로 통변이 되는 것은 아닙니다. 순간순간마다 성령께서 통치하시면서 성령님의 방법대로 방언을 통변해 주십니다. 각 개인의 특성과 기질에 따라 각각 다르게 성령의 음성을 받습니다.

예언사역의 단계는 이미 성령과 많은 부분에 있어 연합한 단계입니다. 방언 통변함의 은사는 성령께서 말을 넣어주심으로 통변이 되는 것이므로 성령과 연합하지 않은 상태라면 온전한 통변을 할 수 없습니다.

하지만 이 단계 역시도 우리의 지식과 생각이 가미될 수 있습니다. 그러나 걱정하지 마십시오. 성령의 통치를 받으며 세미한 음성을 듣는 단계이므로 그 때마다 성령께서 함께 하시며 도와주십니다. 성령께서 친히 스승 되셔서 가르치시며 깨우치시는 것입니다.

만약 방언통변의 단계가 이 단계로 접어들었다면 예언사역을 감당할 수 있는 충분한 기름부음이 부어진 것입니다.

또한 이 단계는 특별히 예언의 영과 방언통변의 기름부음이 계속적으로 부어지는 단계입니다. 방언이 통변될 때 예언적인 기능을 갖게 됩니다. 만약 이 단계에서 예언의 영이 충만히 부어진다면 더 정확한 예언사역을 감당할 수 있는 것입니다. 예언의 영이 어느 정도까지 차고 넘치게 부어지느냐의 여부에 따라 예언의 정확성도 상당한 차이가 있을 수 있습니다. 예언의 영이 충만할 때 예언 받는 사람의 육적, 심적, 영적상태까지도 관통하여 알 수 있는 것입니다. 즉 방언통변의 은사와 예언의 기름부음이 충만히 부어질 때 예언의 정확성이 높아진다는 것입니다.

또한 우리가 실제 예언사역을 감당하게 될 때에 예언의 영을 더 강하게 부어주십니다. 하나님께서는 사역에 필요한 기름부음을 적시에 채워주시기 때문입니다.

성장한 예언사역자가 해야 할 실제적인 훈련

'주님의 음성을 들었다면 바로 순종하십시오.'

방언통변을 통한 예언사역은 다름 아닌 기도의 사역입니다. 방언 자체가 기도입니다. 골방에서 주님과 방언통변으로 기도하듯이 대상만 바꿔 사람에게 방언통변으로 기도해 주는 것입니다. 때로는 내 방언을 통변하며 주님의 음성과 메시지를 전합니다. 때로는 타인의 방언을 통변하면서 주님의 사랑을 전합니다. 결국 내 방언이나 타인의 방언이나 방언 자체가 영의 기도이며, 성령의 언어이므로 누구의 방언을 통변할지라도 모두 다 주님의 메시지인 것입니다.

골방에서 방언통변으로 기도한지 몇 년이 지났을 무렵입니다. 케레타로라는 도시에서 한인 선교사님과 연합하여 협력선교를 하고 있던 중이었습니다. 그런데 갑자기 성령께서 어떤 선교사님을 위해 "기도하라"고 하셨습니다. 순간 너무나 당황했습니다. 아침 식사를 하고 있던 중이었기 때문에 도저히 기도할 수 있는 상황이 아니었습니다. 그런데 내가 순종하지 않자 그때부터 머릿속이 온통 멍해지면서 가슴에 불이 붙은 듯 한 느낌이 들었습니다. 육체적 사인이 너무 강해 순종하지 않고서는 도저히 버틸 수가 없었습니다.

결국 견디다 못해 체면을 내려놓고 식사도중 그 선교사님을 붙들고 기도를 해 드렸습니다.

"사랑하는 아들아. 외딴 선교지에서 모든 것을 내려놓고 홀로 외로이 복음을 전하고 있다는 것을 내가 보고 있도다. 세상 사람들은 비록 너를 선교사로 인정하지 않는다 할지라도 내가 너를 선교사로 지명하여 이 땅에 심었느니라. 강하고 담대하라. 내가 너와 함께 하리라."

이 기도를 마치자마자 그 선교사님은 흐느끼며 우셨습니다. 이유인즉 이 선교사님은 평신도 선교사로서 목사의 신분으로 멕시코에 파송된 것이 아니었습니다.

선교지에 와보면 목회자 신분으로 파송된 선교사와 평신도로서 파송된 선교사와는 보이지 않는 차별이 있습니다. 이 선교사님의 경우 몇 명의 선교사님이 감당해야 할 사역을 홀로 감당하고 있었습니다. 그런데 평신도 선교사라는 타이틀 때문에 그동안 적지 않게 차별을 받았던 모양이었습니다. 주님의 위로의 메시지를 통해 그동안의 상처와 억울함이 눈 녹듯 녹아내리며 회복과 치유가 일어났습니다.

여기서 살펴보아야 할 것은 바로 '순종'입니다. 예언사역자로서 성장하기 위해서는 주님의 음성에 무조건 순종해야 합니다. 개인기도 차원이 아니라 예언사역으로 사역을 확장하기 위해서는 절대적으로 순종의 덕목을 갖추어야 합니다.

주님께서 기도하라는 음성을 강하게 주셨지만 나는 그 때의 상황과 처지를 고려해 주님의 음성을 순종하지 않았습니다. 그 결과 내 안에서 불이 붙은듯하여 견딜 수 없게 되었습니다. 때때로 인간의 생각과 상황을 뛰어 넘어 순종을 요구하실 때가 있습니다.

주님께서는 집회 장소에서나 기도할 수 있는 환경이 허락될 때에만 기도하라는 감동을 주시는 것이 아닙니다. 이렇듯 필요한 순간에 "기도하라" 말씀하시기도 하십니다. 만약 기도하라는 감동을 주셨다면 그때, 그 사람에게 주님의 메시지가 필요한 최선의 순간이라는 것을 기억해야 합니다. 주님의 때가 가장 최선의 때입니다. 나의 시간과 나의 환경과 나의 때에 맞추는 것이 아니라 "기도하라" 말씀하신 주님의 때에 우리를 맞춰 나가야 합니다. 주님의 음성을 들었다면 무조건 순종하는 훈련을 해 나가야 합니다.

첫 번째도 순종이요, 두 번째도 순종이요, 마지막도 순종입니다.

'오직 주님의 위로만을 사모하십시오.'

집회를 하다보면 보통 새벽 2-3시까지도 예언사역을 감당해야 할 때가 많습니다. 예언사역자는 주님의 사랑과 마음을 전달할 통로로서 훈련된 도구입니다. 주님의 통로일 뿐입니다. 피곤하고 지친다고해서 기도를 받기 위해 기다리고 있는 사람들을 외면한 채 돌아선다면 주님께서 절대 기뻐하시지 않으십니다.

어느 교회에서 집회할 때였습니다. 그곳은 기도원 교회라 기도원 안에 강사의 숙소를 배치했습니다. 한국에 도착하자마자 일정상 바로 그 교회로 가야 했기 때문에 시차적응도 되지 않은 상태였습니다. 더군다

나 5일 집회를 인도하는데 하루에 예배가 총 4번이 있었습니다. 꼬박꼬박 예배에 참석하면서 중간의 자투리 시간에는 예언사역을 감당하다 보니 누구에게 맞은 것처럼 온몸이 아팠습니다. 엎친 데 덮친 격으로 멕시코에서 제때 치료를 받지 못해 만성 인후염에 걸린 상태였습니다. 심한 몸살과 인후염으로 집회하는 내내 진통제를 먹어야 했습니다. 성령님께서 도와주시지 않았다면 도저히 집회를 할 수 없을 정도였습니다.

주님의 은혜로 5일 집회를 무사히 마치고 숙소에 있을 때 어떤 자매님이 기도를 받기 위해 찾아오셨습니다. 그런데 그 자매님이 들어오자마자 성령께서 "저 자매에게 기도 받아라" 하시는 것이었습니다. 그래서 기도 받으러 오신 자매님께 오히려 "저를 위해 기도해 주세요" 라고 부탁드렸습니다.

나의 말에 그 자매님은 눈물을 글썽이며 이렇게 말하는 것이었습니다.

"선교사님. 사실 집회 첫날부터 주님께서 저 선교사를 안아주어라라고 말씀하셨어요. 그래서 제가 어떻게 선교사님을 안아줘요 하면서 차일피일 미루다 오늘 이렇게 찾아오게 되었습니다."

이 자매님의 말을 듣고 그 동안의 육체적 고통과 심적 압박감이 눈 녹듯 녹아 내렸습니다.

그 자매님은 사랑으로 꼭 안아주면서 위로해 주었고, 나 또한 어린 아이가 엄마의 품에 안기듯이 자매님을 붙들고 울어 버렸습니다. 그 순간 내면의 음성으로 주님께서 "수고했다" 말씀하셨습니다. 그 집회 이후부터 신실하신 주님께서는 집회 때마다 주님의 음성을 가지고 위로해 줄 사람들을 항상 붙여 주셨습니다.

비단 예언사역자만이 주님의 음성을 전할 수 있는 것이 아닙니다. 예언사역자는 그 사명을 감당하도록 훈련받고 준비된 도구일 뿐입니다. 누구나 할 것 없이 주님의 음성이 우리 안에 있다면 그 음성으로 위로의 도구가 될 수 있습니다.

여기서 누구로부터 위로를 받아야 하는지를 생각해 보아야 합니다. 인간은 사회적 동물이므로 물론 사람의 위로도 절실히 필요합니다. 그러나 예언사역을 감당할 경우 주님의 위로와 사랑을 충분히 경험할 때 비로소 타인을 위로하는 주님의 통로로 사용될 수 있습니다. 사람의 위로만을 받았던 사람이라면 사람의 위로만을 기대할 것입니다. 반면 주님의 위로를 경험한 사람이라면 주님의 위로를 보여주며 주님께로 인도할 것입니다.

> "그러나 낙심한 자들을 위로하시는 하나님이 디도가 옴으로 우리를 위로하셨으니" (고후 7:6, 개정)

주님은 위로하시는 하나님이십니다. 우리가 마음을 열고 주님의 위로와 사랑을 기대한다면 놀라운 방법으로 위로하시며 사랑으로 안아 주십니다. 우리가 마음을 여는 만큼 위로의 하나님으로서 그 분을 드러내시는 것입니다.

'재정의 훈련을 기뻐함으로 받으십시오.'

사탄은 하나님의 종들을 무너뜨리기 위해 재정을 사용합니다. 재정의 훈련을 하지 않는다면 사탄이 뿌려놓은 재정의 유혹과 덫에 걸려들고 말 것입니다.

이렇듯 간교한 사탄은 인간이 재물에 대해 얼마나 연약한지를 그 누구보다도 잘 압니다. 오죽했으면 성경에도 한 사람이 두 주인, 즉 하나님과 재물을 겸하여 섬기지 못한다(마 6:24)라고 기록되어 있겠습니까? 지금도 사탄은 하나님의 종들을 넘어뜨리기 위해 재물로 유혹해 옵니다. 그들에게 많은 재물을 주며, 섬김을 받게 하며, 돈의 노예가 되도록 환경을 몰아갑니다. 누리는 삶이 하나님께 받은 축복이라고 가르치게 합니다. 그들의 입에서 축복과 성공과 풍요로움을 말하도록 사탄이 물질로 현혹합니다. 물론 재물은 축복일 수 있습니다. 그러나 때로는 저주로 다가올 때도 있는 것입니다. 분별해야 합니다. 어떤 것이 하나님께로부터 온 것인지, 어떤 것이 사탄의 통로로부터 온 것인지를 분별하며 재정의 훈련을 받아야 합니다.

특별히 예언사역자인 경우 재물의 유혹에 빠질 기회가 다른 사역자들보다 상대적으로 많습니다. 예언을 통해 주님의 은혜로 성도들이 회복과 치유를 경험했다면 예언사역자 개인에게 감사의 마음을 전하려고 하기 때문입니다.

나에게도 그러한 경험이 많습니다. 어느 교회에서 한 집사님에게 방언통변으로 기도를 해 드렸습니다. 주님의 은혜로 그 집사님에게 놀라운 회복과 치유가 일어났습니다. 그런데 기도가 끝나자마자 이 집사님께서 봉투를 달라는 것이었습니다. 아무 영문도 몰랐던 나는 옆에 있던 까만 비닐 봉투를 건네 드렸습니다. 그랬더니 그 분은 혹시 돈 봉투가 있느냐고 묻는 것이었습니다. 깜짝 놀라 왜 그러시냐고 물었더니 너무 감사해서 내게 헌금을 하겠다는 것이었습니다. 극구 사양하며 집사님을 돌려보냈지만, 마치 돈을 받고 점을 쳐주는 점쟁이가 된 느낌이 들어 마음 한편이 씁쓸하고 착잡했습니다.

그래서 주님께 방언으로 기도했고 통변으로 이러한 응답을 받았습니다.

"절대로 물질을 받지 말아라. 물질로 인해 너의 통로가 혼탁해 진다면 나의 마음을 결단코 받지 못할 것이니라. 이 말을 명심하여라."

이 말씀을 받고 "앞으로 사역 가운데 절대로 물질을 받지 않겠습니다"라고 주님께 서원했습니다.

그 이후 집회를 다닐 때에는 모든 것을 자비량으로 해결했습니다. 항공료와 숙박료도 자체적으로 해결합니다. 강사료는 단 한 번도 받지 않았습니다. 주님께서 기도 가운데 "가라" 하시는 교회에 찾아가 주님의 메시지를 전하는 것에만 집중했습니다. 그것이 바로 주님의 마음을 잃지 않는 순종이라고 생각했습니다.

설령 모든 것을 다 잃게 될지라도 주님의 마음만 내 안에 있다면 그것이 가장 축복받은 인생입니다. 주님의 마음이 느껴지지 않아 울고 있지 않는 내 모습을 보는 것이 가장 떨리고 두려운 일입니다. 주님의 손

길과 사랑을 느낄 수 없는 그곳이 바로 지옥인 것입니다.

분별해야 합니다. 마지막 때에는 많은 거짓 선지자(예언자)들이 일어나 우리를 미혹할 것이라고 예수님께서 분명히 말씀하셨습니다.[29] 거짓 예언자들은 사탄의 하수인이며 도구입니다. 거짓의 영인 사탄은 할 수만 있다면 거짓 예언자들을 양성하여 미혹의 도구로 사용하기를 원합니다. 사탄은 거짓 예언자들을 통해 강력하게 미혹의 영으로 묶습니다. 미혹의 영에게 묶이게 된다면 진리를 볼 수 있는 영적인 눈에 비늘이 씌워지게 됩니다. 진리를 들을 수 있는 영적인 귀에 비늘이 씌워지게 됩니다. 결국 복음의 진리를 잃어버리고 구원마저도 잃어버리게 되는 것입니다. 이러한 목적으로 사탄은 거짓 예언자들을 양성하기 위해 재물로 유혹하며 공격하고 있습니다.

우리는 분별해야 합니다. 어떤 예언이 하나님으로부터 온 것인지, 사탄으로부터 온 것인지를 분별해야 합니다. 어떤 사람이 하나님의 종인지, 어떤 사람이 마귀의 종인지를 분별해야 합니다.

우리는 몇 가지를 통해 이것을 분별할 수 있습니다.

첫 번째로 '성령의 열매'로 분별해야 합니다.

---

29) "많은 사람이 내 이름으로 와서 이르되 나는 그리스도라 하여 많은 사람을 미혹하리라"(마 24:5, 개정) / "거짓 선지자가 많이 일어나 많은 사람을 미혹하겠으며"(마 24:11, 개정)

그들의 삶 가운데 성령의 열매[30]가 맺어지고 있는지 살펴보아야 합니다. 성령의 열매는 성령께서 내주해 계실 때만 맺어질 수 있습니다. 거짓 예언자들은 사탄이 그들의 주인이므로 절대로 성령의 열매를 맺을 수 없습니다.

두 번째로 '재물에 대한 태도'를 살펴보십시오.

예언의 대가로 재물을 요구하거나 그에 상응한 보상을 바란다면 돈을 받고 굿을 하며 점을 쳐주는 점쟁이와 다를 바가 없는 것입니다.

하나님께서는 이미 성경에 재물에 대한 관점을 명확하게 명시해 놓으셨습니다.

> "병든 자를 고치며 죽은 자를 살리며 나병환자를 깨끗하게 하며 귀신을
> 쫓아내되 너희가 거저 받았으니 거저 주라" (마 10:8, 개정)

예수님께서 12명의 제자들에게 더러운 영을 쫓고, 모든 병과 허약함을 치료하는 권능을 주셨습니다. 권능을 주신 예수님께서 제자들을 사역의 현장으로 보내시며 당부하신 것이 바로 이 말씀이었습니다.

"너희가 거저 받았으니 거저 주라!"

주님의 은혜로 능력과 권능을 거저 받았다면 주님의 사랑하는 백성

---

30) "오직 성령의 열매는 사랑과 희락과 화평과 오래 참음과 자비와 양선과 충성과 온유와 절제니 이같은 것을 금지할 법이 없느니라"(갈 5:22-23, 개정)

들에게 거저 되돌려 주십시오.

지금 이 순간부터 무엇을 먹을까, 마실까, 입을까를 염려하지 마십시오(마 6:31-32). 오직 하나님께 묻고 하나님께 공급받는 것을 훈련하십시오. 하나님께 공급받는 것이 훈련되지 않는다면 어느 순간 사탄으로부터 물질을 공급받게 될지도 모릅니다. 주님의 종은 재정에 있어 투명해야 할 것입니다. 그 어떤 것도 불투명한 재정은 사용하지 말아야 합니다. 불법과 불의한 재정을 과감히 버려야 합니다. 하나님께서 하늘문을 열어 하늘의 재정을 쏟아 부어주실 수 있도록 깨끗한 재정의 통로를 준비해야 합니다. 하늘의 인증을 맞은 재정은 결단코 우리를 넘어지게 하지 않습니다.

하나님의 재정의 훈련을 감사함으로 달게 받으십시오. 지금 혹독한 재정의 훈련을 받고 있다면 하나님의 사랑의 손길로 생각하시고 기뻐하십시오.

'끝까지 겸손을 유지하십시오.'

"그는 근본 하나님의 본체시나 하나님과 동등됨을 취할 것으로 여기지 아니하시고 오히려 자기를 비워 종의 형체를 가지사 사람들과 같이 되셨고" (빌 2:6-7, 개정)

겸손은 우리 주 예수님의 가장 특징적인 성품입니다. 예수님의 겸손은 이 세상의 어떤 말로도 가히 표현할 수 없습니다. 근본 하나님의 본체이신 예수님께서 하늘의 모든 영광을 버리시고 사람의 모습으로 이 땅에 내려오셨습니다. 예수님의 성육신의 사건 자체가 바로 겸손의 완성입니다. 뿐만 아니라 본질상 진노의 자녀인 우리를(엡 2:3) 위해 십자가에서 스스로 죽으심으로 구원사역을 완성하셨습니다. 자신을 비워 종의 형체를 가지신 예수님이야말로 겸손의 왕이신 것입니다.

"너희 안에 이 마음을 품으라 곧 그리스도 예수의 마음이니" (빌 2:5,

개정)

예수님의 마음 가운데에서도 특별히 겸손한 마음을 품어야 함을 절실히 깨닫습니다.

'나 비록 한 알의 밀알로 썩어 죽어질지라도 열매 맺을 수 있다면 그것으로 족하다'라고 고백하는 한 사람의 겸손을 통해 하나님 나라가 확장되는 것을 수없이 목격했습니다. 우리의 자아가 살아 꿈틀거린다면 주님께 올릴 풍성한 열매를 맺을 수 없습니다.

겸손은 내려놓음의 또 다른 표현이라고 말할 수 있습니다. 겸손과 내려놓음이라는 단어를 생각하면 떠오르는 분이 있습니다.

그 분은 미국 엘에이(LA)에서 '오덕상 한의원'을 운영하고 계시는 한

의사이십니다. 한의사로서 충분히 누릴 수 있는 권리를 과감히 내려놓고 세계 곳곳을 다니며 자비량으로 선교를 하고 계신 분입니다.

그러나 오 장로님께서 처음부터 선교에 열정을 가졌던 것은 아니었습니다.

수년전 "카자흐스탄으로 선교를 가라"는 주님의 음성을 받고 거룩한 부담감으로 기도하다 결국 첫 선교를 갔다고 합니다. 난생 처음으로 찾아간 카자흐스탄의 선교지에서 주님의 음성을 들었다고 했습니다.

주님께서 "아들아. 저 사람은 심장이 좋지 않구나" "아들아. 저 사람은 위장이 좋지 않구나" 말씀하시면서 진료도 하기 전에 아픈 부위를 내면의 음성으로 알려 주셨다고 했습니다.

카자흐스탄의 선교지에서 주님의 강력한 음성과 맞닥뜨리고 난 후 선교에 목숨을 건 항해를 시작했습니다. 이후 '라파선교회'라는 선교회를 창립하고, 침술강의를 통해 침술의료선교사들을 양성해 나갔습니다. 이렇게 양성된 침술선교사들과 함께 매달 한 번씩 세계를 누비며 자비량으로 선교를 다니십니다. 중국, 파라과이, 멕시코, 몽골 할 것 없이 현지 선교사들의 요청이 있을 때마다 찾아가 협력 선교를 해 주십니다.

오 장로님과 인연을 맺게 된지는 불과 얼마 되지 않았습니다. 2012년 크리스마스 연휴 때 멕시코 뿌에블라라는 도시에서 협력선교를 할 때 인연을 맺게 되었습니다. 한 눈에 보기에도 겸손함과 온유함이

풍기는 분이셨습니다.

한 번 두 번도 아니고 수년을 자비량으로 세계를 누비며 어떻게 저렇게 선교를 할 수 있을까 생각하니 고개가 절로 숙여졌습니다. 오 장로님께서 이렇게 할 수 있었던 것은 카자흐스탄에서 주님의 강력한 음성을 들었기 때문입니다. 만약 카자흐스탄에서 주님의 음성을 듣지 못했다면 그 이후의 놀라운 사역의 행보는 일어나지 않았을지도 모릅니다. 주님의 음성은 이렇듯 우리를 겸손하게 합니다. 주님의 음성은 이렇듯 모든 것을 내려놓게 합니다.

겸손과 내려놓음이 없을 때 우리의 자아는 꿈틀거리기 시작합니다. 더 드러내기 위해, 더 영광받기 위해, 육체의 소욕이 성령의 소욕을 사로잡기 시작합니다.[31] 이때 틈탈 수 있는 것이 바로 교만입니다. 겸손과 교만은 극과 극인 것 같지만 사실 종이 한 장 차이입니다. 순간순간 교만과 겸손을 오가며 '나는 교만하지 않다'라고 자부할 때도 많습니다. 바로 그 때가 가장 위험한 교만한 상태입니다.

예언사역을 하다보면 영광의 자리에 앉을 때가 간혹 있습니다. 예언과 통변 때문에 사람들이 신령한 사람이라며 치켜세우기 때문입니다. 이때 예언사역자에게 필요한 덕목이 바로 겸손입니다. 오직 주님만을

---

31) "육체의 소욕은 성령을 거스르고 성령은 육체를 거스르나니 이 둘이 서로 대적함으로 너희가 원하는 것을 하지 못하게 하려 함이니라"(갈 5:17, 개정)

바라보며 겸손한 자세로 사명을 감당할 때만 주님의 통로로서, 도구로서 쓰임 받을 수 있습니다. 다른 사람이 높여주며 신령한 사람이라고 치켜세워줄 때 주님이 앉으실 영광의 자리에 자신이 앉아 있게 된다면 교만의 영이 바로 공격해 옵니다. 악한 교만의 영은 우는 사자와 같이 삼킬 자를 찾아 헤매다 교만의 틈이 있는 사역자에게 덤벼듭니다(벧전 5:8). 예언 사역자는 자신은 결코 신령한 사람이 아니며 실수하며 넘어질 수 있는 연약한 존재라는 생각을 늘 품고 있어야 합니다. 모든 영광은 주님의 것이며 자신은 한낱 도구일 뿐이라는 겸손한 생각을 품고 있어야 합니다.

나에게도 교만의 덫에 빠질 위험에 봉착한 적이 있었습니다. 미국 엘에이(LA)의 한 교회에서 삼일 집회를 한 직후였습니다. 성령께서 집회 가운데 강력한 능력과 불로 그 교회에 임하셨습니다. 치유와 회복이 일어나며 통곡과 눈물의 회개가 있었습니다. 그 집회 이후에 자신감이 생기기 시작했습니다. 스스로 무언가를 할 수 있다는 자신감은 결국 하나님을 의지하는 마음에 구멍을 뚫습니다. 자신감이 생기면서 교만해질 때 나타나는 현상 중에 하나가 기도가 줄어든다는 것입니다.

그 이후 기도하는데 방언을 통변할 수가 없었습니다. 오로지 방언으로만 기도할 뿐 방언통변을 통해 주님의 마음을 전혀 읽을 수가 없었습니다. 주님께서 돌아앉아 있는 모습만 보일뿐이었습니다. 눈물로 회개하며 '주님의 마음을 주시옵소서'하며 오열하며 통곡했습니다. 주님께서는 부족한 여종의 회개를 받아주셨고 다시 통변이 열리기 시작했습니다.

　여기서 반드시 기억해야 할 것은 우리가 교만해진다면 더 이상 방언통변을 통한 예언사역을 감당하지 못할 수도 있다는 것입니다.

　'방언통변을 통한 예언사역'과 '예언의 영으로 충만한 사역자가 예언하는 것'과는 분명한 차이가 있습니다. 하나님의 메시지를 전달하는 관점에서 본다면 같을 수도 있습니다. 그러나 방언통변을 통한 예언사역은 성령께서 그 순간 음성을 주시지 않는다면 한마디도 말할 수 없는 사역입니다. 성령께서 통변을 주지 않는다면 기도 받는 사람을 앞에 두고 오직 방언으로만 기도할 수밖에 없습니다. 통변이 일어나지 않기 때문에 예언 사역이 일어나지 않는 것입니다.

　단언하건대 방언통변과 함께 가는 예언사역은 성령께서 음성을 주시지 않는다면 한 마디도 말할 수 없는 초자연적인 성령님의 영역입니다. 그러므로 우리의 교만과 자신감이 성령의 역사를 제한하고 막을 수 있다는 것을 늘 기억하며 겸손의 자리에 서야 합니다.

　　"사람의 마음의 교만은 멸망의 선봉이요 겸손은 존귀의 길잡이니라" (잠
　　18:12. 개정)

　겸손의 왕이신 예수님의 겸손을 배워야 합니다.

끝까지, 끝까지, 끝까지 겸손을 유지하십시오.

방언 타인의 방언통변에 대해

타인의 방언통변의 현상

타인의 방언통변은 자신의 방언을 통변하는 것보다 좀 더 깊은 영역에서 이루어집니다.

타인의 방언통변은 자신의 방언을 통변하는 수준보다 좀 더 충만한 기름부음이 필요합니다.

타인의 방언통변은 예언사역의 범주에서도 한 차원 높은 성숙의 단계에 속합니다.

간혹 어떤 분들은 방언통변의 은사를 가진 사역자들이 방언을 들을 때 모든 내용을 다 알 것이라고 오해합니다. 그러나 반드시 그렇지만은 않습니다. 타인의 방언통변도 내 방언 통변과 마찬가지로 음성을 주시는 주체는 성령님이십니다. 성령께서 통변을 주시는 만큼만 통변할 수 있습니다.

그런데 차이가 있다면 내 방언 통변은 주로 내 안의 음성을 듣고 통변을 합니다. 외부로부터 어떤 소리나 생각을 받아 통변하는 것이 아니라 성령님의 음성을 듣고 통변하게 됩니다. 반면 타인의 방언통변의 경우 내면의 음성을 통한 통변도 하지만, 방언을 들었을 때 그 순간 한국어로 들릴 때가 더 많습니다. 타인의 방언을 들었을 때 그냥 알아지는 것입니다.

물론 통변을 주시는 주체는 성령이시므로 통변은 성령님의 주권 하에서 이루어집니다. 타인의 방언 통변도 내 방언 통변과 마찬가지로 성령께서 다양한 방법으로 음성을 주십니다. 그러나 나의 경우는 타인의 방언을 들을 때 그냥 알아지거나 때로는 방언이 한국어처럼 들립니다.

타인의 방언통변 사역의 실제

내 방언이든 타인의 방언이든 통변하려면 기본적으로 본인이 방언을 말할 줄 알아야 합니다. 방언을 하지 않은 상태로 방언을 통변할 수는 없습니다.

방언통변 은사의 시작은 내 방언부터 통변되는 경우가 많습니다. 앞서 살펴본 대로 방언을 계속적으로 하다보면 어느 순간 자신의 방언을 부분적으로 통변할 수 있습니다. 완전한 언어적 통변은 아닐지라도 순간순간 주님의 음성을 받을 수 있기 때문에 방언 통변은사가 열린 경우 내 방언부터 통변되기 시작합니다.

또한 방언을 통변하다보면 두 가지 형태의 모습이 나타나게 됩니다. '성령께서 주체적으로 방언을 인도하시느냐, 혹은 '우리의 영이 방언으로 기도하느냐'에 따라 방언 통변이 달라지는 것입니다.

예를 들어, "주님을 찬양합니다. 주님을 사랑합니다." 혹은 "도와주세요, 살려 주세요, 악한 영이 죽이고자 달려듭니다" 라고 통변이 되었다면 이것은 우리의 영으로부터 나온 메시지입니다. 우리의 영이 방언으로 기도할 때 통변이 이루어진 것입니다. 앞서 방언 초기단계에서 어떤 사모님이 방언했을 때 '악한 영이 죽이고자 달려 듭니다'라는 통변이 나왔다고 말씀을 드렸습니다. 이것은 자신의 영이 기도할 때 방언이 통변되어진 것입니다.

반면 "사랑하는 아들아. 강하고 담대하라. 내가 너와 함께 하리라"와 같은 말투로 통변이 이루어지는 경우도 있습니다. 이러한 경우는 방언의 주체가 우리의 영이 아니라 성령이 주체가 되어 방언으로 기도할 때 통변이 이루어진 것입니다. 내 방언의 통변이든 타인의 방언의 통변이든 방언을 하는 주체가 누구냐에 따라 다른 형태로 통변이 일어나는 것입니다. 때로는 영의 기도와 성령님의 메시지를 동시에 전하는 통변이 이루어질 수도 있습니다.

또한 마음으로 기도했던 내용과 방언으로 기도한 것이 다르게 통변될 수도 있습니다.

얼마 전 한국에 잠시 귀국했을 때 어떤 지인과 식사를 하게 되었습니다. 그런데 식사 중에 녹음기를 꺼내더니 본인의 방언을 통변해 달라는 것이었습니다. 갑자기 멕시코의 선교지가 떠올라서 방언으로 기도했는데 통곡이 나왔다고 했습니다. 분명 멕시코와 나에 대한 이야기가 방언 안에 포함되어 있을 것이라고 말하면서 녹음기를 틀었습니다. 이 분은 마음으로 멕시코의 선교지를 생각하며 방언으로 기도한 것이었습니다.

그래서 성령님께 은혜를 구하며 기도하면서 방언을 들어 보았습니다.

성령께서 바로 통변의 은혜를 부어 주셨습니다.

"하나님! 나 지옥가기 싫어요. 지옥은 너무나 무서운 곳이에요. 절대 지옥가기 싫어요. 하나님! 나를 구원해 주시니 감사합니다. 하나님의 나라로 나를 인도해 주세요."

그분의 방언을 들으면서 십분 정도를 통변했는데 주로 지옥과 영혼 구원과 관련된 내용이었습니다. 이어 바로 내 방언의 통변을 통해 주님의 메시지가 흘러 나왔습니다.

"사랑하는 아들아. 지옥은 무서운 곳이니라. 이 세상에서 너희가 사는 유일한 목적은 나의 나라에 들어오기 위한 자격을 갖추는 것이니라. 잠시 잠깐 지나가는 여행과도 같은 이 세상의 삶 속에서 무엇이 진정 중요한지를 깨달을지어다. 이 세상에서 누릴 수 있는 가장 큰 축복은 너희가 내 나라 천국에 들어오는 것이 될 것이니라. 이 말을 명심하여라. 내가 너를 사랑하노라."

이렇게 방언이 통변이 되었습니다. 이 경우처럼 영의 기도와 마음의 기도가 함께 가지 않을 수도 있습니다. 영은 구원의 문제를 두고 방언으로 기도하고 있었으나 마음은 다른 제목으로 기도하고 있었던 것입니다.

그런데 왜 마음의 기도와 영의 기도가 이렇게 다르게 움직인 것일까요?

이 분의 경우 방언으로 기도한지 그리 오래되지 않았습니다. 방언이 처음 임했을 경우 주로 영혼 구원의 문제와 자신의 영을 보호하며 치유하는 기도가 올려 집니다. 그렇기 때문에 이 단계에서는 방언과 마음이 연합되지 못하고 함께 가지 않을 때가 오히려 많습니다. 방언을 말하는 영은 세상의 간구보다 자기 자신의 영혼의 구원문제가 더 시급하기 때문입니다.

반면 어떤 목사님의 방언을 통변했을 때에는 마음으로 기도하고 방언으로 기도했던 내용이 동일하게 통변되어 나왔습니다. 이 목사님의 경우 오랜 시간 동안 날마다 방언으로 기도하고 있었습니다. 뿐만 아니라 영으로 기도하며 마음으로 기도하는 훈련도 하고 있었습니다.[32] 이렇듯 방언이 성장한다면 방언과 마음의 기도가 함께 움직일 수 있는 것입니다.

③ 방언 통변의 성숙 단계 : '대언사역 단계'

대언사역 단계에서의 통변 현상

앞서 언급했듯이 방언통변 초기 단계는 부분적으로 성령님의 음성을 받는 단계로서 완전한 통변은 할 수 없다고 말씀드렸습니다. 사역을 하기에는 기름부음이 부족하며 자칫 통변 시에 오류를 범할 수도 있는 미숙의 단계입니다. 그러나 전체적인 문장, 혹은 구체적인 환상이 동반된다면 온전한 통변이 열리면서 예언사역 단계로 접어들게 됩니다. 이때부터 방언통변 사역을 감당할 수 있습니다. 만약 예언사역의 단계에서 훈련되었다면 이제 마지막 단계인 대언사역의 단계로도 도약할 수 있습니다.

---

32) "내가 만일 방언으로 기도하면 나의 영이 기도하거니와 나의 마음은 열매를 맺지 못하리라 그러면 어떻게 할까 내가 영으로 기도하고 또 마음으로 기도하며 내가 영으로 찬송하고 또 마음으로 찬송하리라"(고전 14:14-15, 개정)

방언통변의 마지막 단계는 통변되는 언어(모국어, 한국 사람은 한국어)
가 방언과 같이 나오는 단계입니다. 이 단계는 우리의 생각이나 지
식이 전혀 가미되지 않은 상태로 영에 계신 성령님이 직접 우리 입
술을 통해 말씀하시는 단계입니다.

초기 단계와 예언사역의 단계에서 통변을 할 때에는 우리 안의 지식
의 창고를 거쳐 언어가 나오게 됩니다. 그러나 마지막 대언사역의 단계
에서는 통변이 지식의 창고를 거치지 않고 영에 계신 성령님이 입술을
통해 직접 말씀하시는 단계입니다.

이 단계에서는 방언통변의 내용이 입술에서 저절로 쏟아져 나옵니
다. 때로는 통변하는 것이 방언을 말하는 것처럼 아무 생각하지 않고
있어도 쏟아져 나옵니다. 때때로 통변할 때 입술을 자신이 주장할 수
없기도 합니다. 머릿속에 딴 생각을 하고 있을지라도 통변이 되어 나오
는 단계입니다.

이 단계의 현상을 방언을 말할 때와 비교하여 설명할 수 있습니다.
우리는 방언을 말하면서 다른 행동을 동시에 할 수 있습니다. 방언을
말하면서 책을 읽을 수도 있고, 운전을 할 수도 있습니다. 청소도 할 수
있습니다. 운동을 하면서도 방언을 말할 수 있습니다. 방언은 영의 언
어이므로 혼과 육의 영향을 받지 않고 말할 수 있는 것입니다. 우리의
혼과 육의 영향력권 밖에서 방언이 움직이기 때문입니다. 그렇기 때문에
방언을 말하면서 다른 생각과 다른 행동을 병행할 수가 있는 것입니다.

대언사역 단계의 방언통변도 이와 마찬가지입니다. 방언을 통변하

면서 책을 볼 수도 있습니다. 방언을 통변하면서 청소도 할 수 있습니다. 방언을 통변하면서 운전도 할 수 있습니다. 심지어 방언을 통변하면서 다른 생각도 할 수 있습니다. 대언사역 단계에서의 방언통변은 우리의 혼과 육의 영향을 전혀 받지 않습니다. 방언을 말할 때와 마찬가지로 혼과 육의 영향권 밖에서 성령의 직접적인 통치에 의해 통변이 이루어지기 때문입니다.

하지만 방언통변 초기와 예언사역의 단계는 대언사역 단계와는 현저히 다릅니다. 방언통변 초기와 예언단계에서는 혼적인 생각과 감정이 통변에 영향을 미칠 수도 있습니다. 예를 들면 초기 단계에서 훈련되지 않은 상태에서 통변을 하게 된다면 자칫 혼적인 생각과 감정이 개입될 수도 있습니다. 자신의 생각과 감정이 통변에 영향을 미칠 수도 있다는 것입니다.

예언사역 단계는 그보다 성장한 단계이지만 만약 집중하지 않는다면 성령님의 음성을 간혹 놓칠 때도 있습니다. 그러나 대언사역 단계에서는 혼과 육의 영향을 전혀 받지 않고 방언이 통변됩니다. 성령께서 우리의 입술을 직접 통치하셔서 방언과 같이 통변을 하시는 것입니다.

성경 속의 '대언사역'

대언사역이라는 용어 자체가 생소하지만 성경에 대언사역을 감당했던 하나님의 종들이 많이 있습니다. 대언사역을 행한 대표적인 인물이 바로 에스겔 선지자입니다.

"또 내게 이르시되 너는 이 모든 뼈에게 대언하여 이르기를 너희 마른 뼈들아 여호와의 말씀을 들을지어다 주 여호와께서 이 뼈들에게 이같이 말씀하시기를 내가 생기를 너희에게 들어가게 하리니 너희가 살아나리라 너희 위에 힘줄을 두고 살을 입히고 가죽으로 덮고 너희 속에 생기를 넣으리니 너희가 살아나리라 또 내가 여호와인 줄 너희가 알리라 하셨다 하라 이에 내가 명령을 따라 대언하니 대언할 때에 소리가 나고 움직이며 이 뼈, 저 뼈가 들어 맞아 뼈들이 서로 연결되더라 내가 또 보니 그 뼈에 힘줄이 생기고 살이 오르며 그 위에 가죽이 덮이나 그 속에 생기는 없더라 또 내게 이르시되 인자야 너는 생기를 향하여 대언하라 생기에게 대언하여 이르기를 주 여호와께서 이같이 말씀하시기를 생기야 사방에서부터 와서 이 죽음을 당한 자에게 불어서 살아나게 하라 하셨다 하라 이에 내가 그 명령대로 대언하였더니 생기가 그들에게 들어가매 그들이 곧 살아나서 일어나 서는데 극히 큰 군대더라. (겔 37:4-10, 개정)

에스겔 37장 내용을 보면 하나님께서 에스겔 선지자를 한 골짜기로 데려 가셨습니다. 그 골짜기에는 몰살된 시신들이 마른 뼈가 되어 여기 저기 흩어져 있었습니다. 하나님께서는 에스겔 선지자에게 "이 뼈들이 능히 살겠느냐"(3절)라고 물으셨습니다. 인간의 생각으로는 도저히 한 가닥 실낱같은 희망도 찾아 볼 수 없는 암담한 상황이었습니다. 그러나 믿음의 사람인 에스겔 선지자는 "주 여호와여 주께서 아시나이다"

(3절)라고 고백했습니다. 그러자 하나님께서는 에스겔 선지자에게 "대언하라"고 명령하셨습니다. 에스겔 선지자가 하나님의 말씀으로 대언했을 때에 마른 뼈들에게 생기가 들어갔습니다. 또 다시 하나님께서 "대언하라" 했을 때 대언하므로 이 뼈 저 뼈가 맞춰지면서 뼈들이 서로 연결되었습니다. 에스겔 선지자가 하나님의 음성을 듣고 또 대언할 때에 결국 마른 뼈들이 모두 살아나 큰 군대가 되었다는 내용입니다.

하나님께서는 에스겔 선지자를 하나님의 말씀을 대언하는 사람으로 사용하셨습니다. 에스겔 선지자는 하나님의 말씀을 대신 말하며 선포했던 대언자였습니다. 하나님께서는 사람을 통해서 하나님의 일을 행하십니다. 에스겔 선지자의 입을 통해서 하나님의 말씀을 대언하게 함으로 마른 뼈들이 살아났습니다. 에스겔 선지자가 특별하고 신령한 사람이라서 대언하라하신 것이 아닙니다. 하나님께서는 에스겔 선지자의 믿음과 순종을 보시고 그를 선택하셨습니다. '하나님의 대언의 도구'로 에스겔 선지자를 사용하신 것입니다.

구약성경에 하나님의 말씀을 대언했던 선지자들이 많이 있었습니다. 눈물의 선지자 예레미야는 이스라엘을 심판하겠다는 메시지를 하나님께 받았습니다. 그 후 예레미야 선지자는 이스라엘 백성들에게 하나님의 말씀을 그대로 대언하며 심판을 경고했습니다. 하나님께서는 다윗 왕이 밧세바와 동침한 것을 책망하기 위해 나단 선지자를 다윗 왕에게 보내셨습니다. 나단 선지자 또한 하나님의 말씀을 다윗 왕에게 그대로 전했습니다. 하나님께서는 '하나님의 대언의 도구'로 예레미야와 나단 선지자를 사용하신 것입니다.

비단 구약시대의 선지자들만이 하나님의 대언사역을 행할 수 있는 것이 아닙니다. 지금은 성령의 시대입니다. 성령이 우리를 얼마나 통치하느냐에 따라 '성령님의 대언의 도구'로 사용될 수 있다는 것입니다. 현 시대의 대언사역은 성령으로 충만하여 성령님의 온전한 통치를 받는 사람이 행할 수 있습니다.

> "여호와의 영이 나를 통하여 말씀하심이여 그의 말씀이 내 혀에 있도다"
> (삼하 23:2, 개정)

> "내가 그들의 형제 중에서 너와 같은 선지자 하나를 그들을 위하여 일으키고 내 말을 그 입에 두리니 내가 그에게 명령하는 것을 그가 무리에게 다 말하리라" (신 18:18, 개정)

> "여호와께서 그의 손을 내밀어 내 입에 대시며 여호와께서 내게 이르시되 보라 내가 내 말을 네 입에 두었노라" (렘 1:9, 개정)

대언사역은 '하나님께서 그 입에 넣어 주시는 말씀만을 그대로 전달하는 사역'입니다. "내가 내 말을 네 입에 두었노라"라는 하나님의 사인이 떨어졌을 때야 비로소 대언사역을 시작할 수 있습니다. 그렇기 때문에 본인 스스로가 대언하는 사람이라고 자처해서는 절대로 안 됩니다. 예언이 아무리 정확할지라도 그 사람은 예언자는 될지 모르나 대언자가 아닐 수도 있습니다. 오직 하나님께서 넣어주신 말씀 그대로만 말하는 것이 바로 대언사역입니다. 만약 하나님께 받은 말씀을 조금이라도 변형시킨다면 더 이상 대언하는 사람이 아닌 것입니다.

지금은 성령의 시대입니다. 성령께서 우리의 영혼육을 강하게 통치하실 때 우리의 입술을 친히 사용하셔서 말씀하실 수 있는 것입니다. 대언사역 단계의 방언통변도 성령께서 직접 입술을 통치하시며 말씀하시는 것입니다. 방언을 통변할 때에 작은 부분이라도 자신의 혼적인 생각과 감정이 주입된다면 대언사역의 단계에 아직 이르지 못한 것입니다.

대언사역 단계의 영적 권위

예언과 대언의 다른 점

예언은 기도 받는 사람의 순종에 따라 성취의 여부가 결정됩니다.

예를 들어 "사랑하는 딸아. 내가 너의 사역을 돕기를 원하는도다. 기도하여라. 나의 음성을 들어야 할 것이 아니냐. 네가 순종하며 기도한다면 그 사역을 열어 줄 것이니라"라고 통변이 되었다고 가정해 보겠습니다.

이 기도를 받은 사람이 '기도하라'는 하나님의 음성에 순종할 때 '사역이 열리는' 성취가 일어날 수 있습니다. 만약 '기도하라'는 순종을 하지 않는다면 '사역이 열리는' 성취가 일어나지 않을 수도 있다는 말입니다. 물론 예언사역자는 통변이 나오는 대로 그대로 통변한 것입니다. 방언을 통변한 예언사역자의 문제가 아닙니다. 이 단계에서는 기도 받는 사람의 순종의 여부에 따라 예언의 성취가 일어난다는 것입니다.

반면 대언사역은 이와는 차이가 있습니다. 하나님의 '대언하라'는 말씀을 듣고 에스겔 선지자가 마른 뼈들에게 대언했을 때 뼈들이 모두 다 살아났습니다. 대언은 말 그대로 '하나님의 말씀을 대신 말하는 것'입니다. 이 대언사역의 단계에서는 기도 받는 사람의 순종의 여부와 상관없이 하나님의 뜻대로 성취가 일어나는 것입니다. 하나님의 말씀이 선포되면 하나님의 역사가 일어나는 것입니다.

이렇듯 예언사역 단계와 대언사역 단계에서의 영적 권위에는 차이가 있습니다.

방언통변을 사탄이 알아듣지 못함.

방언은 오직 삼위일체 하나님과 천사들만이 알아들을 수 있습니다. 사람은 방언을 절대 알아들을 수 없습니다. 성령께서 음성을 주시므로 알게 되는 것이지 사람이 독자적으로 영의 기도인 방언을 알아들 수 없습니다. 성령님의 도움으로 방언의 내용을 알게 되는 것입니다.

사탄 또한 방언을 절대 알아들을 수가 없습니다. 사탄은 자신들이 전혀 알아들을 수 없는 방언으로 기도하는 것을 극도로 싫어하며 훼방합니다. 훼방하는 이유는 하나님께서 우리의 기도를 통해 하나님의 일을 하시기로 작정하셨다는 것을 사탄이 이미 알고 있기 때문입니다. 사탄은 우리의 기도를 훼방하여 하나님 나라를 확장하는 것을 방해하는 데 혈안이 되어 있습니다. 그래서 사탄은 우리의 기도가 하늘에 상달되지 못하도록 강력하게 방해하며 훼방합니다. 사탄의 방해를 받은 기도는 하늘에 상달되지 못할 때가 많습니다. 그래서 기도가 응답되지 않을 때가 많은 것입니다. 사탄이 훼방한다면 기도응답이 더디게 일어나는 것입니다(단 10:13).

이미 앞에서 대언사역 단계에서의 방언통변은 방언과 같이 저절로 쏟아지는 단계라고 말씀드렸습니다. 그러므로 이 단계에서의 방언통변은 방언과 같은 영적인 권위와 기름부음을 지닙니다. 그래서 대언사역의 단계에서 모국어(한국어)로 통변이 일어났더라도 그 통변한 내용을 사탄은 알아들을 수 없습니다. 비록 사람은 알아들을 수 있지만 이미 대언의 단계에서 행해지는 통변에는 '성령님의 직접적인 통변으로 인해' 영적 권위가 부여져 있음으로 한국말로 나온다할지라도 사탄이 알아듣지 못하는 것입니다. 대언사역 단계에서의 방언통변은 성령께서 친히 우리의 입술을 주장하시며 말씀하시기 때문입니다.[33] 그렇기 때문에 대언의 기도 응답이 빠르게 일어나는 것입니다. 이것이 마지막 단계의 방언 통변의 영적 권위입니다.

연습을 통해 이루려는 방언 통변에 대하여

생각 통로의 중요성 : '어디로부터 받을 것인가?'

우리는 생각하면 먼저 자신의 생각을 떠올립니다. 그러나 우리의 생각뿐만 아니라 다른 통로로 인해 생각이 들어올 수 있음도 알아야 합니다. 어떠한 통로를 통해 생각이 들어오는지를 알게 된다면 생각에 대한 관점이 달라질 것입니다.

생각은 두 가지 통로로 인해 들어오게 됩니다. 첫째는 하나님의 통로입니다. 둘째 사탄의 통로입니다. 어떤 종류의 생각을 하느냐에 따라 하나님께 통로를 열기도 하며 사탄에게 통로를 열어주기도 한다는 것입니다.

사탄에게 통로를 열어줄 때에는 불평, 불만, 교만, 시기, 거짓, 간음, 우울 등의 악하고 더러운 생각들이 들어옵니다. 악한 영은 이러한 생각을 계속적으로 주입시켜 우리의 영혼을 파괴시켜 나가며 종국에는 하나

---

33) 반면 예언 사역의 경우 통변이 일어난다 할지라도 우리의 지식의 창고를 거쳐 우리 입술의 의지를 통해 예언이 선포되어지기 때문에 사탄이 알아 들을 수 있습니다.

님과의 관계도 단절시킵니다. 반면 하나님의 통로가 되는 생각은 사랑, 희락, 신중, 겸손, 화평, 인내, 기쁨 등으로 우리의 영혼에 생기와 생명을 불어 넣습니다.

만약 우리가 하나님의 통로로 생각을 받게 된다면 하나님의 언어가 흘러나오는 것입니다. 정반대로 사탄의 생각을 받아들인다면 더럽고 추한 사탄의 생각들이 흘러나오게 되는 것입니다(마 16:23).

우리의 혀에는 놀라운 권세가 있습니다. 입에서 나오는 말로 인해 사람을 죽이기도 살리기도 하는 것입니다(잠 18:21). 하나님의 생각이 흘러나온다면 그 말은 하나님의 권세가 있는 능력 있는 말이 됩니다. 그러나 사탄적인 생각이 흘러나온다면 내 영혼은 물론이거니와 다른 사람의 영혼까지도 파멸하는 사탄의 도구로 사용되는 것입니다.

결국 하나님께 통로를 열어 하나님으로부터 생각을 받는다면 성령의 사람, 하나님의 사람이 됩니다. 그러나 반대로 사탄적인 생각을 받아들이며 마음에 품고 행동으로 옮긴다면 사탄의 도구가 되는 것입니다(요 13:2).

성경에도 사탄의 생각을 받아들여 행동함으로서 파멸에 이르렀던 사람들이 곳곳에 등장합니다. 그 대표적 인물이 바로 가룟 유다입니다.

"마귀가 벌써 시몬의 아들 가룟 유다의 마음에 예수를 팔려는 생각을 넣었더라" (요 13:2, 개정)

예수님의 12명의 제자중 하나였던 가룟 유다에게 마귀가 생각을 넣어 주었습니다. 생각의 통로를 통해 마귀가 예수님을 팔 생각을 가룟 유다에게 넣어준 것입니다. 예수님을 죽이고자 하는 마귀의 강력한 도구로 사용하기 위해 가룟 유다에게 생각을 넣어준 것입니다. 만약 가룟 유다가 마귀의 생각을 받아들이지 않았다면 비참하게 생을 자살(마 27:5)로 마감하지 않았을 것입니다.

사도행전 5장에 나오는 아나니아와 삽비라 역시 사탄이 넣어준 생각을 받아들여 행동으로 옮김으로 결국 죽음에 이르게 되었습니다(행 5:1-11). 이렇듯 죄의 본성의 지배를 받은 사람의 생각은 바로 죽음인 것입니다(롬 8:6).

비단 이들뿐만 아니라 예수님의 수제자였던 베드로 사도조차도 사탄이 넣어주는 생각에서 자유롭지 못했습니다. 그 결과 예수님께 "사탄아. 내 뒤로 물러가라. 너는 나를 넘어지게 하는 자로다. 네가 하나님의 일을 생각하지 아니하고 도리어 사람의 일을 생각하는도다"하며 심하게 책망 받았습니다(마 16:23).

> "너희가 이같이 어리석으냐 성령으로 시작하였다가 이제는 육체로 마치겠느냐" (갈 3:3, 개정)

우리는 이 말씀을 심령에 깊이 각인시켜 놓아야 합니다. 비록 우리가 의도하지 않았을지라도 성령으로 시작해 육체, 즉 악령으로 마칠 수도 있다는 것입니다.

바로 사울 왕이 그러했습니다. 사울은 하나님의 충만한 기름부음을 받고 이스라엘 왕이 되었습니다. 그러나 교만과 불순종의 영이 그를 사로잡는 순간 여호와의 영이 떠나고 대신 악령이 들어오게 되었습니다(삼상 16:14). 이렇게 된 근원적인 발단은 바로 사울의 생각이었습니다. '사울이 죽인 적은 천천이요, 다윗이 죽인 적은 만만이라'는 말을 계속 생각하고 있었던 것입니다(삼상 29:5). 시기 질투의 생각으로 가득 찬 사울의 입에서 나온 말은 온통 저주와 죽이는 말뿐이었습니다. 악령이 사울을 지배하고 그의 입술을 주장한 것입니다. 단지 말로만 그치는 것이 아니라 사탄의 생각을 받아들이게 된다면 점차적으로 행동으로 나오게 됩니다. 결국 사울은 하나님의 사람인 다윗을 죽이기 위한 사탄의 악한 도구로 사용되었습니다(삼상 18:11). 악령의 생각을 받아드리고 행동으로 옮긴 사울의 최후는 결국 자살이었습니다.

이 시대에도 사울 왕과 같이 성령으로 충만하였으나 악령으로 마치는 사람들이 많습니다. 성령으로 시작했다가 악령으로 마치는 사람들 대부분이 생각의 통로를 마귀에게 열어 주었기 때문입니다. 인간의 생각은 너무나 연약합니다. 우리의 생각을 어디로부터 받느냐에 따라 성령의 사람, 혹은 마귀의 도구가 되는 것입니다. 생각의 주파수를 어디에 맞추며 행동하느냐에 따라 극명히 다른 삶의 모습으로 나타나게 되는 것입니다.

연습을 통한 방언통변의 위험성

마지막 단계인 대언사역의 통변단계에서는 혼적인 생각이 전혀 가미되지 않습니다. 우리의 영에서 바로 입술을 통해 통변이 쏟아져 나옵니다. 오직 '성령께서 말하게 하심에 따라' 통변이 이루어지는 것입니다(행 2:4). 우리의 지식의 창고를 거치지 않고 영안에 내주하신 성령께서 직접 입술을 통치하여 통변이 나오는 것입니다.

그러나 방언통변 초기 단계에서는 우리의 지식의 창고를 통해 언어가 나오는 경우가 많습니다. 그렇기 때문에 이 단계에서는 우리의 생각이 완전히 배제되었다고 단언할 수는 없습니다. 만약 방언통변이 열리기 시작했다면 이때가 가장 중요한 시점입니다. 이 시기에 '생각을 어디로부터 받느냐'에 따라 온전한 통변이 될 수도 있으며, 그렇지 못할 수도 있습니다. 이 시기에서 생각을 차단하는 훈련을 하지 않는다면 온전한 통변을 받지 못할 수도 있습니다.

최근 주변에서 우리의 지식과 생각으로 방언을 통변할 수 있다고 생각하며 연습하는 사람들을 종종 목격합니다. 방언통변은 초자연적인 은사(고전 12:10)로서 의지적으로 연습한다고 할 수 있는 것이 아닙니다. 방언통변은 연습을 통해 습득될 수 있는 것이 아니라 하나님의 선물인 은사입니다.

'연습'과 '훈련'은 분명히 다른 것입니다. 훈련은 하나님의 도우심 속에서 우리를 성장시키기 위해 양분을 주시며, 물을 주며 키우시는 것입니다(고전 3:6). 하나님께서 주체가 되셔서 친히 양육하시며 훈련하시는 것입니다.

하지만 연습은 인간적인 방법으로 그것을 익혀 나가는 것입니다. 연습의 사전적 의미는 '학문이나 기예 따위가 익숙하도록 되풀이하여 익힘 또는 실제로 하듯이 함으로써 익힘'이라고 되어 있습니다. 무엇인가에 익숙해지기 위해 되풀이하며 익혀나가는 것을 의미합니다.

방언통변은 연습하고 익혀 나간다고 성숙해지며 성장하는 것이 결단코 아닙니다.

하나님께 기름부음을 받은 이후에 성령님의 도움으로, 훈련시키는 과정을 거쳐나갈 때 온전한 통변이 열리는 것입니다. 성령님께서 주관자가 되셔서 통변을 주시며 훈련하는 것이므로 우리가 말하는 연습과 훈련은 분명히 다른 것입니다. 자칫 방언 통변을 연습을 통해 이루려하다 보면 그 생각의 통로가 사탄에게 열려 '사탄의 도구'로 전락될 수도 있다는 것을 명심해야 합니다. 방언통변은 연습이 아니라 성숙의 단계를 거치며 영이 활성화될 때 비로소 열리기 시작하는 것입니다.

방언통변의 은사 또한 처음에는 씨앗의 형태로 주어집니다. 이 씨앗이 발아되고 건강하게 자라게 하기 위해 기도훈련과 생각의 차단훈련이 반드시 필요한 것입니다.

그러하므로 방언통변을 연습하는 것보다 먼저 선행되어야 할 것은 우리의 통로를 깨끗하게 하기 위한 기도훈련과 생각 차단훈련입니다. 통로를 먼저 거룩하게 하는 것입니다. 이렇게 생각을 차단하고 세상의 소리를 줄여 나가며 오직 하나님께 주파수를 맞추는 훈련을 해갈 때 통로가 거룩해지는 것입니다. 이러한 훈련을 하며 통변을 훈련할 때 온전한 통변이 열리는 것입니다.

만약 지금 방언이 임했다면 처음부터 통변을 연습하지 마시기 바랍니다. 먼저 거룩한 통로를 만드는 것에 주력하십시오. 통변의 은사는 초자연적인 은사이며 여러 가지 훈련과 성장의 단계를 거쳐 갈 때 열매 맺을 수 있다는 것을 기억하시기 바랍니다.

만약 방언통변의 은사가 임하셨다면 예언사역자로 부르기 위함입니다(고전 12:10). 예언사역은 영혼을 살리는 강력한 도구가 될 수 있습니다. 주님의 거룩한 통로가 되기 위해 훈련에 돌입하십시오. 하지만 이 단계에서 생각을 차단하지 못하고 세상의 소리를 들으며 영광을 받는다면 주님의 선한 도구가 될 수 없습니다. 영광의 자리에서 교만의 마음을 갖는다면 사탄에게 거짓 선지자의 사명을 받을 수도 있는 것입니다.[34] 이것이 영적인 원리입니다.

---

34) "거짓을 예언하는 선지자들이 언제까지 이 마음을 품겠느냐 그들은 그 마음의 간교한 것을 예언하느니라"(렘 23:26, 개정)

"여호와께서 내게 이르시되 선지자들이 내 이름으로 거짓 예언을 하도다 나는 그들을 보내지 아니하였고 그들에게 명령하거나 이르지 아니하였거늘 그들이 거짓 계시와 점술과 헛된 것과 자기 마음의 거짓으로 너희에게 예언하는도다"(렘 14:14, 개정)

예언의 시대를 향한 하나님의 계획

어제나 오늘이나 영원토록 동일하신 하나님께서는(히 13:8) 이 시대에도 동일하게 하나님의 뜻과 마음이 우리에게 전해지기를 기대하십니다.

하나님께서는 이 시대에 예언사역을 감당할 주님의 종들을 찾고 계십니다. 점도 없고, 흠도 없이 깨끗하고 거룩한 통로로서 오직 하늘의 신령한 것을 이 땅에 풀어놓을 수 있는 주님의 종들을 찾고 계십니다. 그러한 사람들을 찾아 하나님께서 친히 성장시키기를 원하십니다. 성숙한 예언사역의 단계로 훈련시키기를 원하십니다. 골방의 시간만큼 성장할 것입니다. 기도의 분량만큼 그 사람의 영이 확장될 것입니다.

"그 후에 내가 내 영을 만민에게 부어 주리니 너희 자녀들이 장래 일을 말할 것이며 너희 늙은이는 꿈을 꾸며 너희 젊은이는 이상을 볼 것이며 그 때에 내가 또 내 영을 남종과 여종에게 부어 줄 것이며" (욜 2:28-29, 개정)

이제 요엘의 시대가 도래될 것입니다. 예언, 환상, 계시적 꿈은 모두 하나님의 음성입니다. 앞으로 하나님의 음성을 듣는 세대가 강력하게 일어날 것입니다. 자기는 죽고 오직 예수 그리스도의 영으로 충만한 사람들에 의해 요엘의 시대를 열어 가실 것입니다. 이것이 하나님 아버지의 마음입니다.

특별히 하나님께서는 초자연적인 은사인 방언통변으로 예언의 시대를 열어가기를 기대하십니다. 방언을 통변하는 사람만이 예언사역을 감당할 수 있는 것은 아닙니다. 예언의 영이 강하게 임하여 예언사역을 감당하고 있는 하나님의 사람들이 많이 있습니다. 그러나 신령한 언어인 방언을 통변하여 예언하는 것이, 그 순간 예언의 영으로 충만하여 예언하는 사람보다 온전할 수 있습니다. 하나님께서는 자기의 생각과 선입견이 가미되지 않는 방언통변으로 요엘의 시대를 열기를 기대하십니다.

하나님께서는 주님의 마음과 사랑을 전할 훈련된 도구들을 부르시고 계십니다. 오직 하나님의 마음을 품고, 오직 하나님의 이름으로 죽어가는 영혼을 살릴 예언사역자들을 부르시고 계십니다. 이제 신령한 언어, 방언이 풀어지는 것을 사모하는 여종과 남종에게 하나님의 영을 물 붓듯이 부어 주실 것입니다. 우리가 사모할 때 영적인 깊이를 더해가며 그 은사들이 확장되어 갈 것입니다. 하나님의 강한 영적용사로 불을 뿜으며 하늘나라의 확장을 위해 수고할 군사로 자원하십시오.

우리 주 예수 그리스도의 훌륭한 군사로 더욱 성장하십시오!

충성된 군사로 자원하여 훈련 받으십시오!

"예수 그리스도의 훌륭한 군사답게 지금 우리가 받는 고난을 함께 겪으십시오. 군사는 자신의 지휘관을 따라 그를 기쁘게 해야 하기 때문에 이 세상의 작은 일에는 신경을 쓸 수가 없습니다." (딤후 2:3-4, 쉬운)

Part 2
방언의 비밀

1장
방언의 이해

1. 방언은 신령한 언어

방언은 영의 언어이며 신령한 언어입니다. 신령하다는 것은 신비로우며 영적인 의미가 있다는 뜻입니다. 신령한 것은 인간의 육적인 생각으로는 해석이 불가능한 것들이 많습니다. 인간의 이성과 지식으로는 도저히 풀어낼 수 없는 것입니다. 오직 성령께서 주체가 되셔서 풀어 주셔야만 하는 것입니다.

신령한 은혜들이 무엇이 있을까요? 신령한 은사(고전 12:1-11)가 있습니다. 신령한 노래가 있습니다(엡 5:19; 골 3:16). 방언 또한 신령한 언어입니다. 이 모든 것들은 우리의 영안에 내주하신 성령께서 부어주시는 은혜인 것입니다(고전 12:11).

은사는 성령께서 주시는 선물이므로 그 어떤 은사도 신령하지 않은 것은 하나도 없습니다. 신유의 은사나 예언의 은사는 신령하고 '랄랄랄라'와 같은 음절로만 기도하는 방언의 은사는 신령하지 않다고 치부할 수 없습니다. 하나님께로부터 오는 모든 것들은 다 신령한 것입니다.

우리 어머니는 거의 30년 이상 똑같은 음절 하나로 방언기도를 쉬지 않고 하신 분입니다. 오직 '리카와 와리카리마사' 음절 하나로 수십 년을 골방에서 기도하신 기도의 용사이십니다.

인격적인 주님을 만나기 이전에 나는 참으로 완고한 종교인이었습니다. 영적인 체험이 전무하다보니 방언과 영적 세계를 말하는 사람들을 무조건 신비주의자라고 치부했습니다. 영적인 세계는 자신이 경험하고 본 만큼만 믿어집니다. 영적인 세계는 말로 설명한다고, 그림을 그려 보여 준다고 믿어지는 것이 아닙니다. 다만 이해만 할 뿐입니다. 그러나 나 같은 경우 영적인 세계에 대해 전혀 이해하려고도, 알려고도 하지 않았습니다. 무조건 방언을 말하는 사람들이 싫었습니다. 신비주의자, 비이성주의자라고 판단하며 정죄했습니다.

그런 와중에 어머니에게 방언이 임하면서 날마다 '리카와 와리카리마사' 하면서 무슨 주문을 외우듯이 기도를 하는 것이었습니다.

하도 기가 막혀서 어머니에게 소리를 지르며 따져 물었습니다.

"엄마! 하나님께 기도를 하려면 똑바로 해야지. 도대체 무슨 말인지 알고나 하는 거야?"

어머니는 단 한마디로 대답하셨습니다.

"몰라"

어머니는 똑같은 음절로 수십 년을 기도하신 분입니다. '리카와 와 리카리마사' 방언으로 기도하고 난 후 어머니는 가끔씩 하나님께서 음 성을 주셨다며 좋아하셨습니다. 그때 당시 어머니에게 방언통변의 은사 가 임했던 것이 아니라 오랜 시간 방언으로 기도하다 보니 성령님의 음 성을 듣게 된 것이었습니다. 완고한 종교인이었던 나는 어머니의 그 말 에 대놓고 코웃음을 쳤습니다.

그렇게 완고하고 완악했던 나에게도 방언이 임하면서 하나님께서 그 분 자신을 드러내셨습니다. 그 동안 영적세계에 무지하여 하나님의 사람 들을 판단하며 정죄했던 그 모든 죄가 파노라마처럼 떠올랐습니다.

"그러므로 내가 너희에게 이르노니 사람에 대한 모든 죄와 모독은 사하심 을 얻되 성령을 모독하는 것은 사하심을 얻지 못하겠고" (마 12:31, 개정)

"누구든지 성령을 모독하는 자는 영원히 사하심을 얻지 못하고 영원한 죄가 되느니라 하시니" (막 3:29, 개정)

"누구든지 말로 인자를 거역하면 사하심을 받으려니와 성령을 모독하

는 자는 사하심을 받지 못하리라" (눅 12:10, 개정)

그동안 지었던 수많은 죄 가운데에서도 유독 '성령 모독 죄'가 떠올랐습니다. 그동안 성령을 모독하는 죄를 지었으면서도 그것이 죄인지도 모르고 의로운 척하며 살았던 것입니다. 수십 년을 '리카와 와리카리마사'로 기도하는 어머니를 보며 정죄했고, 하나님의 음성을 들었다는 어머니를 비웃고 심지어 핍박까지 했습니다. 두렵고 떨리는 마음이 들어 하나님께 회개하는 기도를 올렸습니다.

"하나님! 잘못했어요. 성령님을 모독했던 나의 모든 더러운 죄들을 용서해 주세요."

그 기도에 자애로우신 하나님께서는 나의 모든 성령을 모독했던 죄를 깨끗하게 보혈로 씻어 주셨습니다.

"딸아. 너의 죄가 심하게 얼룩졌을지라도 눈처럼 깨끗해질 것이며, 너의 죄가 진홍색처럼 붉을지라도 양털처럼 희어질 것이니라."(사 1:18)

그 후 나에게 방언통변의 은사가 임하면서 어머니의 방언을 수차례 통변하게 하셨습니다. '리카와 와리카리마사'의 한 음절 안에는 놀라운 영적인 의미들이 내포되어 있었습니다. 어머니의 방언을 통변할 때마다 매번 다른 내용의 간구와 중보가 올려지고 있었습니다.

때로는 '죽도록 충성하겠습니다. 하나님! 무슨 일이든 시켜만 주십시오' 하며 사명에 대한 내용으로 통변이 되었습니다. 때로는 '하나님을 찬양합니다. 하나님을 사랑합니다'하며 하나님을 찬양하는 내용의 기도가 올려 졌습니다. 때로는 악한 영을 대적하며 견고한 진들을 파쇄하는 기도도 올려 졌습니다. 이렇듯 '리카와 와리카리마사'라는 한 음절 안에는 방대한 하늘나라의 비밀들이 내포되어 있었습니다.

지금 혹시 단순음절인 '랄랄랄라' 방언으로 기도하고 있다면 절대로 부끄러워하지 마십시오. '랄랄랄라' 음절 안에 하늘의 놀라운 비밀들이 풀어지고 있음을 기쁨으로 받으십시오. 하나님께서는 '랄랄랄라' 방언으로 죽어가는 영혼들을 깨우고 계십니다. 하나님께서는 '랄랄랄라' 방언으로 사탄의 견고한 진들로 둘러싸인 암흑의 땅을 거룩한 땅으로 변모시켜 나가고 계십니다. '랄랄랄라' 방언으로 열방을 품는 기도가 올려지고 있습니다. '랄랄랄라' 방언으로 지옥으로 끌려가는 영혼을 되돌려 천국으로 이끄는 기도가 올려지고 있습니다.

방언은 신령한 언어입니다. 방언 안에 하늘나라의 비밀들이 풀어지고 있다는 것을 기억하십시오. 이 땅 가운데 하나님 나라를 확장하기 위한 중보로서 방언기도를 들어 사용하고 계시다는 것을 반드시 기억하십시오.

하나님께서는 죽어가는 영혼을 기도로 구출하기 위해 방언을 선물로 주셨습니다. 하나님께서는 우리가 영으로 기도하기를 기대하십니다. 이것이 아버지의 마음입니다.

2. 방언이 임하는 통로

주변에서 방언을 '받았다'라고 말하는 사람들이 많습니다. 방언은 받았다라는 표현보다 오히려 '임했다, 나타났다'라는 표현이 더 적절합니다. 왜냐하면 방언을 받았다라고 하면 외부 어딘가에서 방언이 뚝 떨어지는 것처럼 느껴지기 때문입니다. 그래서 방언을 받기 위해 부흥회며 기도원이며 찾아다니는 사람들이 많습니다.

물론 부흥회나 기도원에서 방언의 은사가 임한 사람들이 많습니다. 기도원은 기도의 영이 충만한 장소이기 때문에 성령이 충만한 곳에서 기도할 때 방언의 은사가 쉽게 임하기도 합니다. 부흥회나 기도원의 경우 방언의 은사가 나타날 수 있는 최적의 환경이기 때문에 쉽게 방언이 나타나는 것입니다.

그러면 지금부터는 방언이 임하는 통로에 대해 성령께서 내주하신 경우와 그렇지 않은 경우를 대비해서 살펴보겠습니다.

첫째, 거듭난 사람, 성령께서 이미 내주하신 사람의 경우입니다.

방언은 성령의 언어이며 성령께서 그 주체가 되십니다. 성령께서 이미 내주하고 계시다면(고전 3:16) 우리의 입술을 열어 '성령께서 말하게 하심에 따라'(행 2:4) 방언으로 말하는 것을 허용하면 됩니다. 방언을 어떠한 새로운 통로를 통해 받는다고 생각하나 실제 그렇지 않다는 것입니다. 성령께서 내주하신 경우 방언을 환영하고 받아들일 때 우리의 입술을 통해 성령께서 자신을 드러내시는 것입니다. 하지만 성령께서는 인격적이시므로 방언에 대해 부정적인 시각을 가지고 있다면 방언이 나타나지 않을 수도 있습니다. 또는 육성(마음, 혼적)기도를 방언기도보다 더 선호한다면 나타나지 않을 수도 있습니다.

남편의 경우 성령께서 내주하신 상태였으나 방언의 유익에 대해서는 잘 몰랐습니다. 방언의 은사를 사모하지도 않았고 그렇다고 특별히 부정하지도 않았습니다. 그러던 중 선교사로 파송될 즈음 남편이 방언을 경험하게 된 기회가 있었습니다. 남편이 새벽기도를 드리고 있는데 목사님께서 "방언을 선물로 주기를 원한다"는 성령님의 감동을 받았다고 말씀하셨습니다. 그러시면서 기도 받기를 원하느냐고 물으셨습니다. 남편은 얼떨결에 그렇다고 대답했고 목사님께서 남편의 머리 위에 손을 얹고 기도해 주셨습니다. 그 순간 남편의 입에서 방언이 터져 나왔습니다. 불과 몇 분 만의 일이었습니다. 그렇다고 목사님께서 강력하게 기도한 것도 아니었습니다. 방언이 나타나기만을 조용히 방언으로 기도했을 뿐이었습니다.

남편에게 이렇게 방언의 은사가 임할 수 있었던 것은, 먼저 방언에 대해 부정하지 않고 환영했기 때문입니다. 방언의 은사를 사모할 경우 더 쉽게 방언이 임할 수 있습니다.

또한 안수하던 목사님께서 방언으로 기도해 주셨습니다.

은사는 전이됩니다. 다른 표현으로 기름부음의 전이라고 합니다. 성경에도 기도와 안수를 통해 은사와 기름부음이 전이된 사례들이 많습니다. 사도바울이 에베소 교회에서 손을 얹고 안수할 때 성령께서 임하시므로 열 두 사람쯤이 방언을 말하고 예언을 하기 시작했다고 기록되어 있습니다(행 19:6).

비단 방언뿐만 아니라 신유의 은사가 강한 사역자에게 기도 받을 때에 신유의 기름부음이 전이될 수 있습니다. 다른 은사 역시 마찬가지입니다. 성령께서 모든 은사의 주인 되십니다. 성령께서는 이 은사들을 나눠줄 수 있는 통로가 필요한 것입니다. 때로는 기름부음이 강한 사역자가 은사를 전이하는 성령님의 통로로 사용될 수 있습니다. 남편의 경우 평소 방언기도를 많이 하며 성령이 충만했던 목사님의 통로를 통해 방언의 은사가 전이된 것입니다.

마지막으로 하나님께서 주권적으로 방언을 선물로 주시는 경우입니다. 방언의 임함은 오로지 성령님의 주권 하에 있습니다. 방언을 사모하며 몸부림치며 기도할 때 방언을 주시기도 하지만, 필요에 따라 거져 주시기도 하십니다. 남편의 경우 선교사로 파송될 즈음에 방언을 선물로 주셨습니다. 선교지에서 기도의 도구인 방언이 필요하다는 것을 아시므로 성령께서 선물로 주신 것입니다.

남편의 경우처럼 조용히 기도할 때 방언이 나타나는 것은 흔치 않은 사례입니다. 보통의 경우 부르짖는 기도를 통해 영이 활성화 될 때 방언의 은사가 더 쉽게 나타납니다. 성령님의 속성은 불입니다. 성령은 불의 영, 뜨거움의 영이십니다. 우리가 하나님을 갈망하며 뜨거워질 때 성령께서 불로 임하시어 더 쉽게 방언이 나타날 수 있습니다. 사도행전 마가다락방에서도 성령께서 불로 임하셨습니다. 그리고 방언이 나타났습니다(행 2:3-4).

이미 성령께서 내주하신 경우라면 불의 속성을 지니신 성령께서 역사하실 수 있도록 우리를 내어 드리면 됩니다. 뜨겁게 부르짖으며 불같이 사모할 때 불의 영이신 성령께서 우리의 입술을 통해 그 분을 더 쉽게 드러내실 수 있습니다. 그래서 뜨겁게 기도하는 부흥회 같은 곳에서 입을 크게 벌려 뜨겁게 부르짖을 때 방언이 쉽게 나타나는 것입니다.

둘째, 성령께서 내주하시지 않는 사람의 경우입니다.

성령께서 내주하시지 않는다면 방언이 나타날 수 없습니다. 방언은 성령의 언어이므로 성령께서 내주하실 때에 나타날 수 있습니다.

그러나 성경에 성령께서 내주하지 않았던 사람들에게 성령과 방언이 동시에 임한 사건이 기록되어 있습니다.

"베드로가 이 말을 할 때에 성령이 말씀 듣는 모든 사람에게 내려오시니

베드로와 함께 온 할례 받은 신자들이 이방인들에게도 성령 부어 주심

하나님께서는 보자기 환상을 통해 이방인인 고넬료의 집으로 베드로 사도를 인도하셨습니다. 고넬료의 집에서 베드로는 복음에 대해, 예수님에 대해 증거 했습니다. 위의 44절 말씀을 보면 베드로가 '이 말을 할 때에'라고 기록되어 있는데 이 말은 바로 복음, 즉 예수님의 구원사역에 대한 구체적인 내용이었습니다. 고넬료의 집에 머물렀던 이방인들은 베드로를 통해 하나님의 말씀을 듣고 있었던 것입니다. 그런데 그 순간 성령께서 말씀 듣는 모든 사람에게 내려오셨습니다. 성령께서 이 방인들에게 임하신 것입니다. 이방인들은 하나님의 말씀을 듣고 있었습니다. 하나님의 말씀, 즉 복음을 들을 때 성령이 임하실 수 있는 통로가 열린다는 것입니다. 그리고 그들은 다 방언을 말하기 시작했습니다.

여기서 성령께서 먼저 임하셨는지 방언이 먼저 임했는지를 잘 분별하셔야 합니다. 분명 성령께서 먼저 임하신 것으로 기록되어 있습니다. 성령이 임하신 이후에 방언의 은사가 나타난 것입니다. 방언이 나타나기 위해서는 반드시 성령께서 내주하셔야 된다는 설명입니다.

"불의 혀 같이 갈라지는 것이 저희에게 보여 각 사람 위에 임하여 있더니
저희가 다 성령의 충만함을 받고 성령이 말하게 하심을 따라 다른 방언
으로 말하기를 시작하니라" (행 2:3-4, 개역)

하나님의 선물, 방언의 숨겨진 비밀

오순절날 120명의 제자들은 마가다락방에 함께 모여 있었습니다. 이들은 함께 모여 기도에 힘쓰고 있었습니다. 기도하고 또 기도했을 것입니다. 그 때 갑자기 하늘에서 세찬 바람 소리 같은 것이 나더니 집안을 가득 채웠습니다. 그리고 혀처럼 생긴 불꽃이 사람들 눈앞에 나타났습니다. 그 불꽃은 여러 갈래로 갈라져 한 사람, 한 사람 위에 머물렀습니다. 성령께서 불로 각 개인에게 임하신 것입니다. 그리고 방언으로 말하기 시작했습니다.

이때에도 마찬가지로 성령께서 불로서 먼저 성도들에게 임하셨습니다. 그 이후 방언으로 말하기 시작했습니다. 성령께서 임하신 것이 먼저이고, 방언이 나타난 것은 그 뒤입니다.

이방인인 고넬료의 경우 하나님의 말씀, 즉 복음을 듣고 있었을 때 성령께서 임하시고 방언을 말하기 시작했습니다. 마가다락방에서는 기도에 힘쓰고 있었을 때 성령께서 불로 임하셨습니다. 성령께서는 우리가 마음의 문을 열고 환영하고 받아들일 때 더 강하게 임하십니다. 우리의 마음의 문을 열게 하는 열쇠는 바로 복음입니다. 예수님을 구원자로 믿고 받아들이는 믿음의 선포가 바로 마음을 여는 열쇠라는 것입니다. 복음을 믿고 받아들일 때 성령께서 임하신다는 것입니다.

방언이 임하는 통로는 오직 성령입니다. 방언은 다른 어떠한 통로로부터 받는 것이 아니라 성령께서 내주하실 때 나타나는 증거입니다. 그렇다고 방언을 말하지 않는 사람은 성령께서 내주하시지 않는다는 의미가 아닙니다. 방언과 성령님의 내주 여부를 연결하는 것은 바르지 못한 견해입니다. 성령께서 내주하시지만 방언이 나타나지 않는 경우도 많습니다. 성령께서는 인격적이시기 때문입니다.

3. 방언을 사모하나
선물로 받지 못하는 경우

하나님께서는 방언을 선물로 주기를 원하십니다. 특별히 사모하는 자녀에게는 물 붓듯이 부어주기를 원하십니다. 하지만 주변에서 방언을 사모하는데도 불구하고 방언이 임하지 않아 상심하는 성도들을 심심치 않게 볼 수 있습니다. 도대체 그 이유는 무엇일까요?

모든 그리스도인에게는 '기도하라(살전 5:17)'는 의무가 있습니다. 기도는 신앙생활의 기본입니다. 그러나 때로는 하나님 나라의 확장을 위해 더 강력하게 기도해야 하는 용사들이 필요합니다. 중보의 부대로서, 하나님의 군사로서, 하나님 나라의 확장을 기도로서 준비하는 성도들인 것입니다. 무릎으로 부흥을 일으키는 중보의 용사들인 것입니다.

그러나 교회를 이루는 지체 가운데 비단 기도의 용사만 있는 것은 아닙니다. 누군가는 가르치며 양육해야 합니다. 누군가는 섬기며 권면하여 실족한 주님의 백성들을 일으켜 세워야 합니다. 각자의 부르심의 자리에서 자신의 사명에 최선을 다해야 합니다. 한 몸을 이루는 각각의 지체의 사명이 다른 것입니다. 몸을 구성하기 위해서도 눈, 코, 입, 손, 발 등 모든 기능이 골고루 갖추어져야 온전할 수 있는 것입니다(고전 12:14-18).

교회도 이와 마찬가지입니다. 하나님께서 방언을 선물로 주셨다는 것은 기도의 거룩한 부담감을 가진 영적 용사로 세우기 위함입니다. 하나님 나라의 확장을 위해 기도하라는 사명을 주신 것입니다. 부르신 자리가 골방이며 기도가 사명인 것입니다. 각자의 사명이 다른 것입니다.

방언을 선물로 받지 못했다고 해서 하나님께서 자신을 사랑하지 않는다고 생각해서는 안 됩니다. 하나님께서는 우리의 사명과 부르심의 자리를 우리보다 더 잘 알고 계십니다. 방언을 말하지 못한다고 해서 절대 위축되거나 상심하지는 마십시오.

그러나 그럼에도 불구하고 방언은 진정으로 사모하고 간구한다면 하나님께서 반드시 선물로 주십니다. 하나님께서는 가장 좋은 것을 주시는 아버지이시므로 간구의 때가 차매 필요한 순간에 반드시 선물로 주시는 것입니다.

> "하나님께서 교회 안에 일할 사람들을 세우셨습니다. 첫째는 사도들이요, 둘째는 예언자들이요, 셋째는 교사들이요, 그 다음에는 기적을 행하는 사람들이요, 또한 병 고치는 능력이 있는 사람들이요, 다른 사람들을 도와주는 사람들이요, 또 지도력이 있는 사람들, 그리고 방언을 말하는 사람들입니다. 모든 사람이 다 사도이겠습니까? 모두가 예언자이겠습니까? 모두가 교사이겠습니까? 모든 사람이 기적을 행하는 사람이겠습니까? 또 모두가 병 고치는 능력이 있는 사람이겠습니까? 모두가 방언으로 말하는 사람이겠습니까? 모두가 방언을 통역하는 사람이겠

습니까? 하지만 여러분들은 더 큰 선물을 받도록 간절히 구하십시오.

이제 나는 여러분에게 가장 좋은 길을 보여 드리겠습니다." (고전

12:28-31, 쉬운)

4. 방언을 받았으나 소멸되는 경우

방언은 기도의 도구로서 기도 사명을 감당하라고 주신 하나님의 선물입니다. 하지만 귀한 선물의 가치를 깨닫지 못하고 구석에 방치한다면 방언이 소멸될 수도 있습니다. 비록 예전에 방언을 말했다 할지라도 방언을 사용하지 않는다면 어느 순간 소멸되기도 하는 것입니다. 그러나 방언이 소멸되었을지라도 성령께서 소멸되신 것은 아닙니다. 방언의 소멸과 성령의 소멸은 별개의 문제입니다.

방언의 소멸은 장롱면허에 비유하여 설명할 수 있습니다. 장롱면허는 말 그대로 면허를 취득해 놓고도 운전을 하지 않아 장롱에 고이 모셔둔 면허증을 말합니다. 하지만 면허가 있기 때문에 운전할 기회만 있다면 언제든지 면허증을 꺼내 사용할 수 있습니다. 이 경우 기회가 없어 장롱에 깊이 넣어둔 것입니다.

방언의 은사도 이와 마찬가지입니다. 성령께서는 우리가 은사를 사용하지 않는다고 해서 한번 주신 은사를 쉽게 걷어 가시는 분이 아니십니다. 이 경우 장롱면허와 같이 방언이 내면 깊이 감춰져 있지만 우리가 꺼내 사용하지 않은 경우입니다. 방언의 활성화가 일어나기도 전에 감춰 놓은 것이므로 다시 꺼내 사용하시면 됩니다.

내가 아는 지인 중에 오래 전에 방언으로 기도했지만 어느 순간 방언이 소멸된 경우가 있습니다. 방언으로 기도하지 않자 자신도 모르는 사이에 방언이 소멸되어 버린 것입니다. 그러던 중 방언으로 기도하는 사람들과 함께 기도할 기회가 생겼습니다. 방언으로 주님의 마음을 받으며 기도하는 사람들을 보자 부러웠고 다시 사모하는 마음이 들었다고 했습니다. 그래서 방언이 다시 임하게 해 달라고 기도했더니 그 자리에서 즉시 방언이 터졌다고 했습니다.

비록 수년을 방언으로 기도하지 않았지만 이렇듯 사모할 때 소멸된 방언이 다시 나타나게 됩니다. 특별히 방언기도를 하는 사람들과 함께 기도할 때 내재되어 있던 방언이 다시 나타날 수 있습니다. 이와 같은 경우 소멸된 방언을 회생시키는 것은 그리 어렵지 않습니다.

반면 방언을 선물로 받았으나 마귀방언이라는 부정적인 시각으로 소멸시켜 버렸다면 반드시 회개가 선행되어야 합니다. 성령은 인격이시므로 회개의 기도가 선행되지 않는다면 이 경우 소멸된 방언이 회생되기는 거의 불가능합니다. 하나님께서 주신 선물을 잘못된 인식으로 귀히 여기지 않았음을 회개한 후 다시 구해야 할 것입니다. 방언을 의도적으로 소멸시킨 것이므로 장롱면허의 경우와는 달리 반드시 회개가 선행되어야 합니다.

하나님께서 우리에게 선물을 주셨는데 그 선물을 버리거나 귀히 여기지 않는다면 아버지의 마음이 얼마나 아프시겠습니까? 제아무리 악한 아비일지라도 자녀에게 가장 좋은 것을 선물하려고 합니다. 하물며 독생자 예수님까지 우리를 위해 내어주신 하늘 아버지께서 우리에게 가장 최상의 것으로 주시지 않겠습니까?(눅 11:13)

만약 방언을 선물로 받았으나 귀히 여기지 않아 소멸되었다면 다시 하나님께 구하십시오. 하나님의 선물을 귀히 여기겠다고, 방언으로 기도하는 생활을 하겠다고 하나님께 회개의 기도를 올리십시오. 회개할 때 막힌 담이 허물어지며 소멸되었던 방언이 회생되어 다시 터져 나오게 될 것입니다.

5. 육성 기도와
방언 기도의 연관성

때때로 육성(한국어)으로 기도하다가 갑자기 방언으로 바뀐 적이 있었을 것입니다. 이런 경우에 육성기도와 방언기도가 같은 선상에서 연결되는지의 여부에 대해 살펴보겠습니다.

방언은 하늘나라의 확장을 위한 기도입니다. 강력한 중보의 능력이 있는 기도입니다. 방언은 열방을 위한 기도인 것입니다. 그러므로 육성의 기도로 그의 나라와 의를 구하는 기도를 할 때 갑자기 방언으로 바뀌었다면 방언과 함께 갈 것입니다. 우리의 육성의 기도에 더 강력하게 기름을 부으며 방언기도로 이어질 것입니다.

그러나 육성의 기도로 개인의 사욕과 육신의 안목을 위해 기도할 때 갑자기 방언으로 바뀌었다면 그 기도는 연결되지 않을 것입니다. 우리의 육성의 기도와 방언 기도가 따로 가는 것입니다.

6. 일상생활 중에 하는 방언과
집중방언의 효과와 차이

일상방언은 일상생활 속에서 하는 방언을 통칭하는 것입니다. 방언은 영의 기도로서 일상생활을 하면서도 방언을 말할 수 있습니다. 방언하면서 운전을 할 수도 있고, 운동도 할 수 있습니다. 방언을 말하면서도 모든 일상생활이 가능합니다. 아마도 '내가 너희 모든 사람보다 방언을 더 말하므로 하나님께 감사하노라'라고 고백했던 사도바울(고전 14:18)은 일상생활 방언으로 늘 기도했을 것입니다. 추측건대 골방에서도, 선교여행 중에도, 심지어 감옥에 갇혔을 때에도 방언으로 늘 기도했을 것입니다.

그런데 일상생활 방언과 무릎을 꿇고 집중하여 하는 방언과는 어떠한 차이가 있을까요?

결론부터 말씀드리자면 방언은 영의 기도이기 때문에 기도의 차이는 없습니다. 기도의 효과도 동일합니다. 일상방언이든 집중방언이든 방언 안에 내포된 간구와 중보들은 하늘로 상달되어 올라갑니다.

그러나 집중방언으로 기도한다면 영혼육이 합심하여 기도하는 것이므로 우리에게 능력이 임하게 됩니다. 어떠한 견고한 진도 뚫을 수 있는 강력한 능력이 나타나게 됩니다(고후 10:4). 부르짖으며 방언으로 기도할 때 능력의 은사들이 쏟아지게 됩니다. 우리의 영혼육이 합심으로 기도하기 때문에 믿음이 더욱 견고해지게 됩니다.

육체의 소욕이 강한 혼과 육은 쳐서 복종시키지 않는다면 언제든지 주인행세를 하기 위해 달려듭니다. 그런데 집중방언으로 부르짖다 보면 육체의 소욕들이 서서히 제거되어 나갑니다. 부르짖으며 기도하는 것은 우리의 육을 쳐서 복종시키지 않을 때에는 나올 수 없는 순종의 행위입니다. 이러한 과정을 거쳐 가면서 육체의 본성이 점진적으로 잠잠해지면서 성령님의 것으로 채워지게 되는 것입니다.

결론적으로 일상생활에서 하는 방언과 집중방언의 효과는 같지만, 집중방언을 많이 할 경우 영혼육이 강건해지므로(요삼 1:2) 능력의 통로가 열리며, 견고한 믿음으로 성장할 수 있게 되는 것입니다.

7. 기도의 분량에 대해

기도가 쌓일 때

온전한 기도는 목자 되신 주님의 음성을 듣는 기도일 것입니다(요 10:27). 하지만 때때로 우리는 일방통행으로 기도를 합니다. 때때로 우리는 기도의 대상이 없는 것처럼 기도하기도 합니다. 중언부언하며 어떠한 특정한 목적을 가지고 기도하기 보다는 습관적으로 기도하는 경우도 많습니다. 습관적으로 기도하므로 하나님과의 소통의 통로가 열리기도 전에 기도의 문을 닫아 버리기도 합니다. 오로지 우리의 간구만을 올리고 있으며 주님의 마음을 받지 못하고 있는 것입니다.

하지만 하나님께서는 그 기도조차도 귀히 여기십니다. 그 기도조차도 필요한 순간에 우리를 돕는 도구로 사용하고 계십니다. 비록 습관적으로 기도할지라도 때가 차매 기도의 응답을 주시는 것입니다(시 66:18-19).

"예수께서 그들에게 항상 기도하고 낙심하지 말아야 할 것을 비유로 말씀하여 이르시되 어떤 도시에 하나님을 두려워하지 않고 사람을 무시하는 한 재판장이 있는데 그 도시에 한 과부가 있어 자주 그에게 가서 내 원수에 대한 나의 원한을 풀어 주소서 하되 그가 얼마 동안 듣지 아

니하다가 후에 속으로 생각하되 내가 하나님을 두려워하지 않고 사람

을 무시하나 이 과부가 나를 번거롭게 하니 내가 그 원한을 풀어 주리

라 그렇지 않으면 늘 와서 나를 괴롭게 하리라 하였느니라 주께서 또

이르시되 불의한 재판장이 말한 것을 들으라 하물며 하나님께서 그 밤

낮 부르짖는 택하신 자들의 원한을 풀어 주지 아니하시겠느냐 그들에

게 오래 참으시겠느냐" (눅 18:1-7, 개정)

사실 이 불의한 재판관의 비유는 하나님의 성품과 맞지 않습니다. 하나님은 좋으신 하나님이십니다(시 106:1). 정의의 하나님이시며(시 48:10), 공의의 하나님이십니다(사 30:18). 예수님께서 이 비유를 하신 것은 설령 불의한 재판관일지라도 반복적으로 간구했을 때 그 소원을 들어 줄 수밖에 없다는 것을 강조하기 위함이었습니다. 예수님께서는 이 비유를 들어 "하나님께서 밤낮 부르짖는 하나님의 자녀들의 간청을 듣지 않으시고 오랫동안 미루시겠느냐"고 말씀하신 것입니다. 하나님께서는 우리의 모든 간구와 기도를 듣고 계시며 때가 차매 반드시 응답해 주십니다(출 6:5). 이렇듯 비록 습관적으로 기도했을지라도 그 기도가 쌓일 때 기도응답을 받을 수 있는 것입니다.

기도의 분량에 대해

모태신앙인으로 아직 영적으로 미숙할지라도 기도의 분량이 쌓여 있다면 하나님을 만날 수 있는 환경이 쉽게 열릴 수 있습니다. 비록 본

인이 기도하지 않고 있을지라도 믿음의 부모의 기도가 있기에 기도가 그만큼 쌓인 것입니다.

기도의 분량이 중요한 것은 하나님께서 역사하실 수 있는 통로가 더 강하게 열릴 수 있기 때문입니다. 설령 지금은 습관적인 종교생활을 하고 있을지라도 추후 하나님을 뜨겁게 만날 수 있는 통로를 이미 확보하고 있는 상태라는 것입니다.

반면 기도의 분량이 없을 때 목회자일지라도 쉽게 무너지며 실족하는 것을 목격하게 됩니다. 믿지 않는 가정에서 기도의 분량이 전혀 없는 상태로 홀로 목회자의 길을 걸어갈 때 큰 장벽에 부딪치는 것을 볼 수 있습니다. 주변에 중보할 사람이 있고, 기도의 분량이 충분히 쌓여 있다면 사역에서 무너지지 않고 쓰러지지 않을 것입니다. 그러나 기도의 도움 없이, 중보의 도움 없이 홀로 사역한다면 쉽게 무너지며 실족할 수 있습니다.

기도의 분량이 충분히 쌓여 있는 덕분에 비록 척박한 환경이지만 사역에서 열매를 맺고 있는 사례를 함께 나누겠습니다. 여느 다른 선교지와 마찬가지로 멕시코에도 많은 선교사들이 이 땅을 섬기고 있습니다. 그중 가장 기억이 남는 선교사님은 엘꼬요떼 지역을 섬기고 있는 이정권 선교사님입니다. 이 선교사님은 평신도 선교사입니다. 왜 신학을 하지 않느냐는 나의 질문에 자신이 높아질까 두렵기 때문이라고 말했던 겸손한 분입니다. '선교' 그 자체에 목적을 두고 싶다고 했습니다. 죽어가는 영혼을 붙들고 함께 아파하며, 그들이 빠져 있는 수렁으로 들어가 끌어낼 수 있는 용기가 있는 선교사입니다.

주님의 음성을 듣고 미국 시민권도, 사업장도 포기하고 가장 소외된 오지에 들어가 정착했습니다. 한국으로 비유하자면 두메산골 오지에 들어가 있는 격입니다. 버스도 다니지 않습니다. 슈퍼도 없습니다. 필요한 물건을 사려면 한참을 자동차를 몰고 나와야 합니다. 없어도 정말 너무 없는 그런 곳이었습니다.

그런데 이 선교사님은 그런 척박한 곳에 들어가 선교센터를 지었습니다. 인근 마을 곳곳에 교회를 지어 나갔습니다. 그렇게 해서 4개의 교회가 세워졌습니다. 두메산골 오지라 어렵게 개척한 4개의 교회를 맡을 현지인 목회자도 찾을 수 없었습니다. 현지인 목회자를 수소문하다 포기하고 결국 매주 4개의 교회를 순회하면서 직접 스페인어로 설교를 하십니다.

날마다 선교센터에서 문맹의 그리스도인에게 성경을 가르칩니다. '믿음은 들으면서 난다'는 굳건한 믿음 하나로 그들을 가르치며 양육합니다. 때로는 선교사님의 차가 119 구급차가 되기도 합니다. 마을의 터줏대감으로 선교센터 인근 마을의 이장 역할도 합니다. 이렇듯 1인 10역을 감당하며 선교사의 삶을 살아가십니다. 이런 선교사님의 모습을 보면 존경스러워 저절로 고개가 숙여집니다.

이 엘꼬요떼 선교지에서 2박 3일 선교를 마치고 돌아오는 길에 방언으로 기도하는데 주님께서 이렇게 물으셨습니다.

"딸아. 너라면 저 자리에서 죽어가는 내 백성들을 품을 수 있겠느냐?"

솔직히 자신 없었습니다. 주님 앞에서 한 없이 부끄러워 소리도 내지 못한 채 그저 눈물만 흘렸습니다. 이 선교사님은 선교사들을 부끄럽게 하는 진정한 선교사였습니다.

얼마 전 아내 선교사님이 무장괴한에게 습격을 받아 심장이 두근거리는 질병을 얻게 되었습니다. 이때 분명 실족할 수 있었습니다. 넘어질 수도 있었습니다. 그러나 아내 선교사님은 기도로 이겨냈고 기도를 통해 질병도 치유 받았습니다. 아내 선교사님은 기도의 용사였습니다. 선교지에서 함께 기도했을 때 두 분께서 그동안 기도하면서 흘렸던 눈물의 분량을 영안으로 보았습니다. 그 누구도 들어가려 하지 않는 척박한 그 땅에 복음의 싹이 움틀 수 있었던 것은 바로 눈물로 쌓은 기도가 능력으로 나타난 것이었습니다.

두메산골 오지에서 죽어가는 영혼을 품을 수 있는 것은 오직 기도의 은혜였습니다. 선교사님께서 방언으로 기도하는지, 육성으로 기도하는지 알 수 없습니다. 그러나 분명한 것은 기도하는 선교사이기에 부르신 그 자리에서 가장 낮은 자세로 영혼들을 만나고 있다는 것입니다. 기도할 때 세상의 모든 것들을 배설물처럼 버릴 수 있는 용기가 심어집니다. 기도할 때 자기의 영광과 의를 버릴 수 있는 내려놓음이 실천됩니다. 우리 안에 주님의 마음이 심겨지지 않는다면 결단코 그 자리에 있을 수 없습니다.

선교사는 기도하는 사람이어야 합니다. 기도할 때, 기도의 분량이 쌓여질 때 거친 풍랑과 황량한 사막과 같은 환경일지라도 복음을 당당히 외치는 전도자의 삶을 살게 되는 것입니다.

우리는 기도해야 합니다. 방언기도이든 육성기도이든 기도할 때 하나님의 음성을 들을 수 있습니다. 하나님의 사랑이 우리의 심령 가운데 심어지게 됩니다(롬 5:5). 하나님의 마음을 품게 되는 것입니다.

때로는 기도의 분량이 쌓여진다면 이 세상의 축복과 성공을 기도응답으로 받을 수도 있습니다. 큰 축복입니다. 하나님께 감사해야 합니다. 그러나 기도가 쌓일 때 받는 가장 아름다운 기도 응답은 기도의 문이 열려 하나님의 음성을 듣는 것입니다. 하나님의 사랑과 마음을 받는 것이 우리가 받을 수 있는 최상의 기도응답인 것입니다.

8. 심령으로 하는 방언의 효력

심령의 의미

심령은 마음보다 더 깊은 영역입니다. 심령은 우리의 영을 열 수 있는 통로입니다. 심령은 영을 열 수 있는 열쇠입니다.

우리의 깨끗한 심령은 신령과 진정으로 예배드릴 수 있도록 영의 문을 열어 줍니다. 신령과 진정으로 예배한다는 것은 우리의 혼에서 나오는 혼적 작용이 아닙니다. 영의 충만함이 심령을 통해 쏟아져 나오는 것이 바로 신령과 진정으로 드리는 예배인 것입니다.

마음과 심령은 다른 영역입니다. 마음은 혼적인 영역에 속한 것입니다. 하지만 심령은 혼의 더 깊은 영역으로서, 영으로 들어가는 통로인 것입니다. 우리의 심령을 통해 복음의 빛이 우리의 영 가운데 조명되는 것입니다. 마음보다 더 깊은 영역이 바로 심령입니다.

심령이 깨끗한 성도들은 하나님을 볼 수 있습니다. 그 열려진 심령으로 영에 내주하고 계신 성령하나님을 영으로 보는 것입니다. 열려진 심령을 통해 하나님의 말씀을 우리의 혼에게 투영시켜 주는 것입니다. 우리의 혼과 영이 상호 교통하는 통로가 바로 심령인 것입니다. 우리의 마음은 혼적인 작용에서 일어나는 통치기관입니다. 반면 심령은 마음보다 더 깊은 영역으로 혼과 영을 연결시키는 영적인 통로기관입니다.

심령을 통해 방언기도를 듣는다는 것

소리 내어 방언으로 기도할 때 영적인 기름부음이 배가됩니다. 비단 방언기도가 아닐지라도 부르짖는 기도의 위력은 실로 막강합니다. 소리를 낸다는 것은 그만큼 영적으로 강건하다는 증거입니다. 반대로 소리 낼 수 없다는 것은 그만큼 영적으로 심약해지고 있다는 사인입니다. 부르짖는 만큼 영은 더욱 강건해 집니다. 부르짖는 만큼 영은 더욱 성장합니다.

부르짖는 방언을 통해 영이 민감해지고 활성화되었을 때 심령을 통해 들려오는 방언의 소리를 들을 수도 있습니다. 이 단계는 묵상기도와는 차이가 있습니다. 묵상기도는 밖으로 소리를 내지 않고 마음속으로 하는 기도입니다. 우리의 혼적인 마음을 가지고 속으로 기도하는 것입니다. 물론 방언도 묵상기도가 가능합니다. 소리 내지 않고 마음속에서 방언을 한다면 묵상 방언기도라고 할 수 있습니다.

그러나 여기서 언급하고 있는 '심령을 통해 들려오는 방언의 소리를 듣는다는 것'은 이와 다릅니다. 방언은 우리의 자유의지로 충분히 말할 수 있습니다. 그러므로 속으로 방언기도를 하는 것도 자유의지로 할 수 있습니다. 이것은 자유의지로 할 수 있는 범주에 속하는 것입니다.

반면 내 안의 깊은 영역, 심령을 통해 방언의 소리를 듣는 것은 우리의 자유의지로 할 수 없는 영역입니다. 우리의 깊은 영역, 심령을 통해 성령님과 우리의 영이 방언으로 기도하는 소리를 듣는 것은 또 다른 차원인 것입니다.

나의 경우 방언을 하면 할수록 영의 세계가 더 열리기 시작했습니다.[35] 방언으로 기도하면 할수록 더 깊은 영역으로 들어가는 것 같았습니다. 성경책을 볼 때도, 요리를 할 때도, 청소를 할 때도 오로지 방언으로 기도했습니다. 심지어 방언으로 꿈을 꾸기도 했습니다. 이러한 단계를 지나고 있을 즈음 내 안의 깊은 영역 어딘가에서 방언으로 찬양하며 기도하는 소리가 들렸습니다. 육신의 귀로 들었던 것이 아니라 영의 귀로 들은 것입니다. 때로는 내 안의 깊은 영역 어딘가에서 성령님과 소통하는 음성을 듣기도 했습니다. 새노래로 하나님을 찬양하며 방언으로 기도하는 소리가 들렸습니다.

특별히 나의 혼적 작용이 잠잠해질 무렵인 잠자기 직전에 가장 많이 들었습니다. 이루 표현할 수 없을 만큼 아름다운 새노래 찬양이 내 안의 깊은 영역에서 흘러 나왔습니다. 그 찬양을 듣고 있노라면 경이롭고 아름다워 눈물이 주르륵 흘러 내렸습니다. 내 영이 얼마나 하나님을 사랑하며 갈망하는지 내 안의 깊은 영역에서 흘러나오는 방언을 통해 깨닫게 되었습니다.

나의 육은 연약하여 하나님을 갈망하다가도 지칠 때가 많습니다.

---

35) 영의 세계는 순식간에 부풀어 오르는 뻥튀기 과자처럼 한꺼번에 열리지는 않습니다. 하나님의 세계는 씨앗이 발아되어 성장하고 성숙하여 열매 맺는 원리와도 같습니다. 뱃속에 있던 태아가 태어나 한발 한발 걷기를 연습하며 성장하고 성숙되어 가는 과정과도 같습니다. 하나님께서 주시는 모든 신령한 은사들은 모두 다 이러한 과정을 거쳐 성장합니다. 씨앗을 심자마자 한 번에 열매 맺을 수 없는 것입니다. 훈련하고 성장하는 과정가운데 열매 맺는 성숙의 단계로 도약해 나가는 것입니다.

그러나 나의 영은 지칠 줄 모르고 하나님을 갈망하며 찬양하며 기도합니다. 우리의 육은 연약하여 쉬지 않고 절대 기도할 수 없습니다. 그러나 우리의 영은 먹지도 자지도 졸지도 않고 오직 하나님만을 갈망하며 사랑하고 있습니다. 우리의 영은 하나님을 24시간 찬양하며 24시간 쉬지 않고 기도할 수 있습니다.

심령을 통해 임하게 되는 하나님의 나라

앞서 심령은 영을 여는 통로이며, 열쇠라고 말씀드렸습니다. 심령이 열려지고 활성화된다면 영으로부터 나오는 기도와 찬양을 듣는 것뿐만 아니라 심령으로 방언을 할 수도 있습니다. 방언은 우리의 자유의지로 말할 수 있습니다. 소리 내어 기도할 수도 있고, 마음속으로도 기도할 수 있습니다. 그러나 심령에서 방언으로 기도하는 것은 결코 쉬운 일은 아닙니다. 심령이 열려있지 않다면 그러한 영역이 있다는 것조차도 느낄 수 없습니다. 심령은 성령하나님께서 내주하신 영으로 들어가는 통로입니다. 그러므로 심령이 깨어나고 활성화될 때 비로소 성령님과의 소통이 더 원활하게 일어날 수 있다는 것입니다.

우리는 심령으로 기도할 수도 있으며 심령을 통해 더 깊은 영역에서 찬양하며 기도하는 소리도 들을 수 있습니다. 이 단계까지 이르렀다면 축복입니다. 이미 하나님의 나라가 우리 안에 임한 것입니다. 천국을 침노한 것입니다.

"심령이 가난한 자는 복이 있나니 천국이 그들의 것임이요" (마 5:3, 개정)

심령이 가난한 자는 곤고하고 절박하여 오직 주님의 은혜만을 의지할 수밖에 없습니다. 심령이 가난한 자는 무릎을 꿇고 가슴을 치며 오직 주님의 얼굴만을 간구할 수밖에 없습니다. 심령이 가난하여져서 오직 주님께 부르짖는 자는 복이 있습니다. 천국이 바로 그들의 것이기 때문입니다.

예수님께서 처음 공생애를 시작하셨을 때 "회개하라. 천국이 가까이 왔느니라"라고 외치셨습니다. 우리의 모든 선택과 집중은 이 땅의 삶 속에서도 천국을 소유하는 것입니다.

"바리새인들이 하나님의 나라가 어느 때에 임하나이까 묻거늘 예수께서 대답하여 이르시되 하나님의 나라는 볼 수 있게 임하는 것이 아니요 또 여기 있다 저기 있다고도 못하리니 하나님의 나라는 너희 안에 있느니라" (눅 17:20-21, 개정)

하나님의 나라, 천국은 죽어서만 가는 나라가 아닙니다. 우리의 영 안의 하나님의 나라, 즉 천국을 침노할 때 비로소 진정한 본향 천국에 우리가 입성할 수 있는 것입니다. 이 땅에서 천국을 맛본 사람만이 영생의 나라, 천국에 들어갈 수 있는 자격이 주어진다는 것입니다.

심령으로 하는 방언의 효력

심령으로 방언을 말할 수 있다는 것은 이미 그의 영이 열렸다는 의미입니다. 성령님의 온전한 통치를 받고 있는 단계입니다. 성령님의 세미한 음성을 듣고 있다는 확증입니다.

방언의 주체는 바로 성령님이십니다. 방언은 성령하나님의 나타나심이며 우리의 영이 성령과 함께 동역하여 기도하는 것입니다. 성령님의 인도 하에서 하늘나라의 확장을 위하여 기도하는 것입니다. 심령을 통해 방언으로 기도하는 것이 들리며, 심령으로 기도할 수 있다면 우리는 완전한 성령님의 통치를 받고 있는 단계에 이른 것입니다.

더 이상 그 앞에 사탄의 견고한 진은 없습니다. 설령 견고한 진이 있을지라도 하나님의 능력으로 파쇄하며 무너뜨릴 수 있는 강력한 권능이 임한 것입니다. 이미 하나님의 나라가 그에게 임한 것이며 하나님의 완전한 통치가 일어난 상태입니다.

9. 대신방언(은사 방언), 대인방언(표적 방언), 대물방언

방언은 세부적으로 대신방언, 대인방언, 대물방언으로 나눌 수 있는데 각각 어떠한 성격을 가지고 있는지 살펴보겠습니다.

대신방언(은사 방언)

"방언을 말하는 자는 사람에게 하지 아니하고 하나님께 하나니 이는 알아듣는 자가 없고 영으로 비밀을 말함이라" (고전 14:2, 개정)

우리가 육성기도[36]를 하든 방언기도를 하든 기도의 대상은 하나님이십니다. 위의 성경말씀에서 언급한 방언 역시 대신방언에 대한 내용입니다. 대신방언은 하나님과 소통하는 방언이며 통상 우리가 말하고 있는 방언이 대신방언에 속한 것입니다.

---

36) 육성 기도 : 우리의 혼으로부터 나오는 일반적인 언어(모국어)의 기도
  방언 기도 : 우리의 영으로부터 나오는 하늘의 언어의 기도

이 대신방언은 첫째로 하나님의 언어, 즉 예언적 언어로서 하나님께서 그분의 자녀인 우리에게 말씀하시는 언어입니다. 둘째로 하나님의 자녀인 우리가 하나님을 찬양하는 언어입니다. 이러한 대신방언을 통해 우리의 영이 하나님과 소통될 때 비로소 대인방언(행 2:4-11)과 대물방언(눅 19:40; 계 5:13)이 열릴 수 있습니다.

대인방언과 대물방언이 열리는 것은 대신방언에 있어 먼저 그 영이 풀어져야 하는 것입니다. 하나님과 소통하는 기도의 문이 열릴 때 복음을 전하기 위한 수단과 표적으로 대인방언과 대물방언이 열리게 되는 것입니다. 하지만 무엇보다도 하나님과 소통하는 대신방언이 모든 기도의 기초이며 대신방언이 기도생활의 중심이 되어야 할 것입니다.

대인방언(표적 방언)

"그들이 다 성령의 충만함을 받고 성령이 말하게 하심을 따라 다른 언어들로 말하기를 시작하니라 그 때에 경건한 유대인들이 천하 각국으로부터 와서 예루살렘에 머물러 있더니 이 소리가 나매 큰 무리가 모여 각각 자기의 방언으로 제자들이 말하는 것을 듣고 소동하여 다 놀라 신기하게 여겨 이르되 보라 이 말하는 사람들이 다 갈릴리 사람이 아니냐 우리가 우리 각 사람이 난 곳 방언으로 듣게 되는 것이 어찌 됨이냐 우리는 바대인과 메대인과 엘람인과 또 메소보다미아, 유대와 갑바도기아, 본도와 아시아, 브루기아와 밤빌리아, 애굽과 및 구레네에 가까운

리비야 여러 지방에 사는 사람들과 로마로부터 온 나그네 곧 유대인과

유대교에 들어온 사람들과 그레데인과 아라비아인들이라 우리가 다 우

리의 각 언어로 하나님의 큰일을 말함을 듣는도다 하고" (행 2:4-11,

개정)

예수님께서 승천하신 후에 오순절날 마가다락방에 120문도가 모여 오로지 기도에 전념하고 있었습니다. 그때 홀연히 하늘로부터 강한 바람 같은 소리가 있었고 그 소리가 온 집을 가득 채웠습니다. 마치 불의 혀처럼 갈라지는 것들이 각 사람 위에 하나씩 임하더니 그들이 다 성령의 충만함을 받았습니다. 그 장소에 있었던 사람들이 다 성령의 충만함을 받고 '성령이 말하게 하심에 따라' 방언으로 말하기 시작했습니다. 마가다락방에 모인 사람들은 '성령이 말하게 하심에 따라' 방언으로 말하고 있었지만 정작 그들은 그 뜻을 알아듣지 못했습니다. 그러나 그 시각 세계 각국으로 흩어져 있다가 예루살렘에 모여 있던 유대인들은 이 방언을 알아들었습니다. 그들은 "저들은 갈릴리 사람들인데 어떻게 내가 사는 나라의 말을 하고 있지"(11절)하면서 놀라며 당황했습니다.

오순절날 마가의 다락방에서 나타났던 방언이 바로 대인방언입니다. 비록 자신은 알아듣지 못하지만 다른 사람이 언어로서 알아들을 수 있는 방언인 것입니다. 대인방언은 다른 말로 '표적 방언'이라고도 합니다. 방언 안에 강력한 표적과 이적이 숨어 있다는 의미입니다. 표적

은 하나님의 살아계심을 강력하게 증거하는 것으로 권능의 범주에 속하는 것입니다.

이렇듯 하나님께서 특수한 목적으로 대인방언을 허락하실 때가 있습니다. 복음을 위해 이적이 필요할 때, 또는 강퍅한 사람들에게 하나님의 살아계심을 증거하기 위해 대인방언으로 하나님의 메시지를 전하는 것입니다.

실제 경험한 대인방언의 사례를 나누고자 합니다.

나의 막내 동서의 큰 언니 부부는 선교사로서 브라질을 섬기고 있습니다. 막내동서는 하나님의 인도하심 가운데 브라질에 가게 되었는데 현지 교포 청년들과 함께 선교여행을 가게 되었습니다. 선교여행에 참여한 한 자매가 있었는데 그 자매는 한국어를 전혀 말하지 못했다고 했습니다. 그런데 그 자매가 갑자기 청년들에게 개별 기도를 해 주더랍니다. 그 자매는 이전에 예언이나 기도사역을 했던 경험이 없었던 그저 평범한 보통의 자매였습니다.

그런데 신기한 것은 한국말을 전혀 못하는 그 자매가 한국말로 또박또박 예언을 해주었다는 것입니다. 막내동서에게는 "내가 너와 함께 할 것이라. 말씀과 사랑을 가지고 가라"하시며 주님의 메시지를 전했다고 했습니다. 그 자매에게 기도를 받은 청년들은 통곡하며, 하나님의 임재를 경험하게 되었다고 했습니다. 그런데 그 자매는 자신이 해 준 기도에 대한 내용을 전혀 알지 못하더란 것입니다.

성령의 도구로서 강하게 쓰임 받은 그 자매는 한국어 방언으로 주님의 메시지를 전한 것이었습니다. 그 순간 성령님의 통로로 사용된 것입니다.

그 체험 이후 막내 동서는 급격한 거듭남을 경험하게 되었고 결혼한 이후에도 그 음성을 붙들고 끝까지 선한 믿음의 경주를 해 나갔습니다. 결국 하나님의 부르심에 순종하여 온 가족이 선교사로서의 삶을 선택하게 되었습니다.

나의 경우에도 이와 비슷한 체험이 있습니다. 남편과 함께 '수아 수아'(Sua Sua)라는 지역의 개척교회에 선교를 가게 되었습니다. 그 당시 나는 스페인어를 거의 말하지 못하는 상태로 겨우 인사말 정도만 외워서 구사할 정도였습니다. 미용사역을 감당해야 했으므로 미용에 관한 일반적인 문장만을 외운 정도였습니다. 누군가 말을 걸게 되면 옆에서 의료사역을 하고 있는 남편을 불러 통역을 부탁하곤 했습니다. 남편 선교사는 스페인어를 능통하게 구사하기 때문에 필요할 때마다 옆에서 통역을 해 주었습니다.

그 교회에서 사역을 마친 후 마무리를 하고 있는데 성령께서 갑자기 "교회 사모를 위해 기도해 주어라"라는 감동을 주셨습니다. 마침 그 교회의 사모님께서 주변에 계셔서 기도해 드리겠다고 말씀드렸습니다. 그렇게 해서 사모님과 함께 기도하게 되었습니다. 그런데 신기한 것은 방언으로 기도하는데 사모님께서 마치 알아듣고 있다는 것처럼 아멘, 아멘하시는 것이었습니다. 나는 사모님이 내 방언을 알아듣고 아멘하시는 것인지 궁금해졌습니다. 그 당시 나는 스페인어를 말할 줄 몰랐기 때문에 내 방언이 스페인어 방언인지 분간을 잘하지 못했습니다.

기도를 마치고 사모님을 보니 몸을 가누지 못할 정도로 휘청거리면서 흐느끼고 있었습니다. 그래서 남편을 불러 통역을 부탁했습니다. 사모님께 그 방언의 내용을 알아듣고 아멘으로 화답한 것이냐고 물어보았습니다. 그랬더니 사모님께서 기도 내용을 다 알아 들었다고 말하는 것이었습니다. 나는 방언으로 기도했지만 사모님은 자신의 모국어인 스페인어로 알아듣고 이해한 것입니다. 사모님께 방언기도를 통해 들은 내용이 무엇이었냐고 물어보았습니다. 사모님께서 방언을 통해 들은 내용을 말씀해 주셨습니다.

"딸아. 내가 너를 사랑하노라. 내 교회를 위하여 네가 사모로서 얼마나 애쓰며 수고하고 있는지 내가 다 보고 있도다. 네가 눈물을 흘리며 기도하고 있다는 것을 안다. 내가 반드시 너의 눈물과 헌신을 갚아 줄 것이니라. 딸아. 힘들다는 것을 안다. 많이 아프다는 것도 안다. 내가 다 보고 있도다. 내가 너를 도와주리라."

나 역시도 방언으로 기도하면서 이 내용이 사모님께 흘러가는 것을 느꼈습니다. 방언으로 기도하면서 사모님께 전해지고 있는 주님의 메시지를 동일하게 느낀 것입니다. 방언으로만 기도했는데 기도하는 나, 기도 받는 사모님이나 동시에 주님의 음성을 듣고 있었던 것입니다. 사실 방언으로 기도했을 때 그 방언이 스페인어인지 아닌지도 잘 몰랐습니다. 그저 사모님이 아멘, 아멘하며 답하는 것이 이상하다고만 생각했습니다.

이 체험 이후에 선교지에서 두 차례 정도 이와 비슷한 경험을 했습니다. 처음 대인방언을 체험하고 난후 감격하여 선교지에 갈 때마다 그러한 일들이 일어나기를 소원했습니다. 그러나 성령께서 방언의 주체이시기 때문에 나의 소원대로 이러한 체험은 쉽게 일어나지는 않았습니다. 대신방언(은사 방언)은 본인이 원한다면 언제든지 말할 수 있지만, 대인방언의 경우 오직 성령께서 주권을 가지고 계시기 때문입니다. 본인이 원한다고 언제든지 대인방언으로 말할 수 있는 것이 결코 아니라는 것입니다. 오직 성령께서 행하시는 표적인 것입니다.

많은 사람들이 대인방언은 사도행전 이후에 사라졌다고 말합니다. 그러나 지금도 여전히 복음이 증거되는 곳에서 대인방언은 표적으로 나타나고 있습니다. 대인방언은 놀라운 표적이 될 수 있습니다. 하나님의 전능성을 나타내는 표적으로 한 영혼이 구원받으며 하나님의 살아계심을 증거하는 강력한 도구입니다. 어제나 오늘이나 영원토록 동일하신 하나님께서 여전히 그분의 전능성을 대인방언을 통해 나타내고 있는 것입니다.

대물방언
성경을 면밀히 살펴보면 대물방언을 증거할 만한 예시들이 간간히 나옵니다. 발람 선지자는 말 못하는 짐승인 나귀에게 하나님의 메시지를 전달 받았습니다(벧후 2:16).[37] 또한 예수님께서 새끼 나귀를 타고 예루살렘에 입성하실 때 온 무리들이 기뻐하며 큰 소리로 하나님을 찬양하였습니다. 이를 본 바리새인들이 그들을 책망하라고 하자 예수님께서 "만일 이 사람들이 침묵하면 돌들이 소리 지르리라"라고 말씀하셨습니다(눅 19:40). 이렇듯 나귀나 돌들 까지도 하나님을 찬양하며 하나님의 메시지를 전달하는 도구로 사용될 수 있다는 것입니다. 자연만물이 창조주이신 하나님을 찬양하는 것입니다. 이것이 대물방언입니다.

대물방언은 대신방언을 통해 하나님과의 소통이 열릴 때 만물이 하나님을 찬양하며 경배하고 있는 것을 영의 눈으로 보게 되는 것입니다.[38] 만물이 하나님을 찬양하는 것을 우리의 영으로 바라보게 되며, 그 찬양의 소리를 듣게 되는 것입니다.

그러나 이와는 다르게 꽃이나 나무와 같은 자연물과 대화하는 방언이 대물방언이라고 오해하는 사람들이 있습니다. 어떤 사람들은 방언을 하면서 집에서 기르는 가축과의 대화를 시도합니다. 심지어 식물과 대화를 하며 사물과의 소통을 열려고 시도합니다. 이는 대물방언을 오해해서 생긴 것입니다. 대물방언은 우리가 자연계와 대화하며 소통하

---

37) "자기의 불법으로 말미암아 책망을 받되 말하지 못하는 나귀가 사람의 소리로 말하여 이 선지자의 미친 행동을 저지하였느니라"(벧후 2:16, 개정)

38) "내가 또 들으니 하늘 위에와 땅 위에와 땅 아래와 바다 위에와 또 그 가운데 모든 피조물이 이르되 보좌에 앉으신 이와 어린 양에게 찬송과 존귀와 영광과 권능을 세세토록 돌릴지어다 하니"(계 5:13, 개정)

는 것이 주목적이 아닙니다. 대물방언은 우리의 영의 통로가 열려 자연 만물이 하나님을 찬양하며 경배하는 것을 보게 되는 것입니다. 그것이 대물방언에 대한 올바른 이해입니다.

> "창세로부터 그의 보이지 아니하는 것들 곧 그의 영원하신 능력과 신성
> 이 그가 만드신 만물에 분명히 보여 알려졌나니 그러므로 그들이 핑계
> 하지 못할지니라" (롬 1:20, 개정)

이 성경말씀처럼 하나님의 신성과 인성이 만물에 분명히 보여졌습니다. 만물을 통해 하나님을 발견할 수 있도록 하나님께서 모든 만물 가운데 하나님의 능력과 신성을 숨겨 놓으신 것입니다.

하나님은 최고의 아티스트입니다. 하나님께서 창조하신 자연 만물을 묵상하노라면 우리를 위해 그 만물을 창조하셨다는 것을 깨닫게 됩니다. 뿐만 아니라 그 만물 역시도 하나님을 찬양하기 위한 존재로서 지어졌다는 것을 보게 됩니다.

인격적인 주님을 만난 후 '세상에 존재하는 모든 것들이 다 하나님의 작품이구나!'라고 생각했습니다. 볼을 스치는 바람마저도, 들판에 홀로 핀 한 송이 들꽃마저도 하나님께서 창조하신 피조물이라는 생각을 했습니다. 하나님의 작품가운데 나 또한 하나 되어 어우러져 살아가는 이곳이 또 다른 천국이구나 하고 기뻐했습니다. 이러한 묵상을 하

고 있었을 무렵 주님께서 영안을 열어 주셔서 대물 방언을 경험하게 하셨습니다.

한국에 있었을 때의 일입니다. 버스를 타고 한남대교를 지나가는데 다리 건너 저편에 개나리가 소담스럽게 피어 있었습니다. 아무 생각 없이 개나리를 바라보고 있는데 그 순간 개나리가 춤추며 찬양하고 있는 것이었습니다. 너무나 깜짝 놀랐습니다. 눈을 크게 부릅뜨고 다시 바라봤지만 그 때도 여전히 개나리는 춤추며 찬양하고 있었습니다. 하나님의 피조물 가운데 하나인 개나리가 하나님을 찬양하며 경배하고 있었던 것입니다.

"예쁘지? 너희들을 위해 만든 거란다."

그 순간 이렇게 말씀하시는 것 같았습니다. 하나님께서는 온 만물을 통해 우리에게 지금도 말씀하시고 계십니다.

"내가 너희를 사랑하기에 이 모든 것을 창조했노라"라고…

이 밖의 방언에 대한 궁금증

다른 사람의 방언을 듣다보면 외국어와 비슷한 억양의 방언이 종종 있습니다. 단순음절방언이 아닌 언어방언일 경우 외국어와 비슷한 느낌이 많이 듭니다. 또한 방언을 많이 하여 방언이 성장하게 된다면 한 가지 방언으로만 기도하는 것이 아닙니다. 방언이 성장할 때마다 방언이 바뀌는 경우가 있으므로 사람에 따라 여러 가지의 방언으로 기도할 수 있습니다.

나의 경우에도 몇 개의 언어방언으로 기도하고 있습니다. 때에 따라 중국어와 비슷한 억양의 방언이 나올 때가 있습니다. 특별히 중국을 위해 기도할 때 중국어와 비슷한 억양의 방언이 나옵니다.

이 중국어 비슷한 방언으로 기도하면서 '실제 이 방언이 중국에서도 통용되는 언어일까?'하고 궁금했습니다. 그러던 차에 중국을 섬기는 선교사님과 함께 집회를 인도한 적이 있었습니다. 그 선교사님께서 제 방언을 듣고 중간 중간 중국어가 나오기는 하는데 중국인들이 알아들을 수 있는 완벽한 중국어는 아니라고 말씀해 주셨습니다. 설령 외국어와 비슷한 억양이라 할지라도 언어로서 완전히 소통되는 대인방언이 아닐 수도 있다는 설명입니다.

다른 한 가지는 방언이 하늘의 언어이므로 천국에서 방언으로 소통하는지 궁금해 합니다. 천국은 언어가 필요 없는 곳입니다. 이 땅에서와 천국에서의 소통 방법 자체가 완전히 다릅니다. 천국에서는 지금 우리가 사용하고 있는 언어나 혹은 방언으로 대화하는 것이 아닙니다. 천국은 영의 존재로서 영생하는 곳이므로 언어들을 가지고 있지 않을지라도 영으로 모든 것을 관통하여 알 수 있습니다.

10. 은사와
방언과의 관계

은사의 기본이 되는 방언

"각 사람에게 성령을 나타내심은 유익하게 하려 하심이라 어떤 사람에
게는 성령으로 말미암아 지혜의 말씀을, 어떤 사람에게는 같은 성령을
따라 지식의 말씀을, 다른 사람에게는 같은 성령으로 믿음을, 어떤 사
람에게는 한 성령으로 병 고치는 은사를, 어떤 사람에게는 능력 행함을,
어떤 사람에게는 예언함을, 어떤 사람에게는 영들 분별함을, 다른 사람
에게는 각종 방언 말함을, 어떤 사람에게는 방언들 통역함을 주시나니
이 모든 일은 같은 한 성령이 행하사 그의 뜻대로 각 사람에게 나누어
주시는 것이니라" (고전 12:7-11, 개정)

고린도 전서 12장을 흔히 은사 장이라고도 합니다. '각 사람에게 성
령을 나타내심은 유익하게 하려 하심이라'라고 7절에 기록되어 있습니
다. 여기서 '유익하게 하려 하심'이라는 뜻은 개인의 유익이 아니라 공동
의 유익을 의미합니다. 성령을 충만히 받게 되면 믿음과 능력이 나타나
게 됨으로 개인에게도 큰 유익이 되지만 궁극적으로는 공동을 위해 은

사를 주십니다. 은사로 인해 교회의 덕을 세우며[39] 이로서 하나가 되기 위해 선물로 주시는 것입니다. 은사는 하나님 나라의 확장과 죽어가는 영혼을 구원하는 도구로서 성령께서 각 사람에게 나누어 주십니다(고전 12:11).

무엇보다도 방언은 각종 은사 중에서도 가장 기본적인 은사입니다. 예수님을 구주로 영접하고 믿음으로 받아들일 때 성령께서 우리 영안에 내주하시게 됩니다. 방언은 성령의 언어이며 방언의 주체는 성령이시기 때문에 우리의 영안에 성령께서 내주하신다면 언제든지 방언의 은사는 나타날 수 있습니다. 우리의 입술을 통해 성령의 언어가 나타나는 것이며, 영의 언어인 방언이 나타나는 것입니다. 그렇기 때문에 방언은 다른 특별한 통로로 인해 열리는 것이 아니라 내주하신 성령께서 우리의 입술을 통해 그분을 드러내시는 것입니다.

그렇다고 방언을 말하는 사람만이 성령께서 내주하신다고 생각하는 것은 위험합니다. 성령은 인격적인 하나님이시므로 방언을 사모하지 않을 경우 방언이 나타나지 않을 수도 있습니다. 하지만 방언은 성령의

---

39) 방언 통변은 교회의 덕을 세웁니다(고전 14:4). 방언을 통변했을 때에는 예언을 대신할 수 있기 때문입니다. 방언 통변으로 많은 사람들이 위로 받을 수 있습니다(고전 14:3). 우리의 영혼이 소생될 수 있습니다. 방언과 방언통변함 속에는 하나님의 영적인 권위와 기름부음이 있기 때문에 하나님의 음성임을 깨닫게 됩니다. 그렇기 때문에 위로가 임하는 것이며, 영이 살 수 있는 통로를 열어 주는 것입니다. 그들의 영이 회복되며 치유되는 것입니다. 그러므로 방언을 통변할 때에는 공동의 유익을 누릴 수 있습니다.

언어이므로, 방언을 말하는 사람에게는 성령께서 분명 내주하고 계십니다. 성령께서 내주하실 때의 확증으로서 방언이 나타나는 경우가 많으므로 방언을 모든 은사의 기본이라고도 합니다.

방언은 다른 은사를 여는 열쇠

방언은 다른 은사들을 여는 열쇠입니다. 이것은 성경을 근거하기보다 체험 속에서 경험되는 것입니다. 방언으로 꾸준히 기도했더니 다른 은사들이 열리게 되었다는 간증은 헤아릴 수 없을 만큼 많습니다. 방언으로 기도하다보면 영이 활성화되어 다른 은사들이 쉽게 임하게 되는 것입니다.

또한 방언으로 기도하는 사람들은 다른 은사에 대해서도 쉽게 마음의 문을 열게 됩니다. 이미 방언의 은사를 경험하고 있으므로 초자연적인 다른 은사도 쉽게 받아들이는 것입니다. 사모하고 기도하는 사람들에게 성령께서 은사를 부어 주시므로 다른 은사들도 쉽게 열릴 수 있는 것입니다.

혹시 고구마 밭에서 고구마를 캐본 경험이 있으십니까? 고구마 넝쿨을 다 걷어내고 호미로 두둑을 파 들어가다 보면 조금씩 고구마의 형체가 드러납니다. 이 때 잔뿌리가 아니라 원뿌리를 확 잡아당기면 묵직한 고구마들이 줄줄이 딸려 올라옵니다. 하지만 이렇게 튼실하게 영근 고구마를 수확하기 위해서는 남모르게 땀을 흘리는 수고가 있어야 하는 것입니다.

　은사도 이와 마찬가지입니다. 방언을 제외한 다른 초자연적인 은사들은 대부분 사모하며 기도할 때 부어집니다.[40] 나의 경우에도 방언을 경험하고 나서 다른 은사에도 마음이 열려 사모하게 되었습니다. 그런데 기도 가운데 성령께서 계속 방언으로 기도하라고 하셨습니다. 그 이유를 성령께서 레마의 말씀으로 조명해 주셨습니다.

> "예수께서 그들에게 이르시되 항아리에 물을 채우라 하신즉 아귀까지
> 채우니 이제는 떠서 연회장에게 갖다 주라 하시매 갖다 주었더니 연회
> 장은 물로 된 포도주를 맛보고도 어디서 났는지 알지 못하되 물 떠온
> 하인들은 알더라" (요 2:7-9, 개정)

　'가나안 혼인 잔치'는 우리가 익히 잘 알고 있는 성경말씀입니다. 혼인 잔치에서 포도주가 떨어지자 예수님의 어머니인 마리아는 예수님께 그 문제를 상의했습니다. 이에 예수님께서는 "항아리에 물을 채우라"하셨고 하인들은 순종하여 아귀까지 채웠습니다. 하인들이 순종하여 아귀까지 가득 채우자 포도주로 변했다는 이야기입니다.

---

40) 방언의 은사는 교회에 처음 나온 초신자라 할지라도 강한 성령의 충만함이 임한 경우 방언이 나타날 수 있습니다.

방언과 다른 은사와의 관계도 물과 포도주의 관계로서 설명할 수 있습니다. 방언으로 기도한다는 것은 하나님을 향한 절대적 순복의 행위입니다. 왜냐하면 우리는 이성의 존재이므로 하나님께 순복되지 않았다면 전혀 알아듣지 못하는 방언으로 오랜 시간 기도할 수 없는 것입니다. 방언으로 기도한다는 것은 하나님을 향한 신뢰와 순종의 바탕위에서 비롯될 수 있는 것입니다.

예수님의 말씀에 하인들이 순종하여 물을 항아리의 아귀까지 채웠을 때 비로소 포도주로 변했습니다. 방언으로 기도하는 것도 하인들이 항아리에 물을 채우는 순종과도 같은 것입니다. 방언으로 기도할 때 비록 아무런 감동이 없을지라도 믿음으로 순종하며 기도의 분량을 채워 나갈 때 물이 포도주로 변했던 것처럼 성령의 은사들과 기름부음이 임하는 것입니다.

방언과 다른 은사와의 관계

방언 안에는 하나님의 강력한 능력과 기름부음이 내포되어 있습니다.

첫째로 방언은 우리의 영을 보호합니다.

둘째로 방언은 사탄의 세력을 파쇄하며 대적하는 영적 전쟁을 수행합니다.

셋째로 영의 언어인 방언은 소통의 도구로서 하나님의 음성을 들을 수 있는 통로를 엽니다.

기름부음과 능력을 다른 말로 은사라고도 표현할 수 있습니다. 이 중 사탄의 세력을 파쇄하는 영적전쟁을 수행할 때 나타나는 능력(은사)에 대해 살펴보겠습니다.

방언을 많이 하는 사람의 경우, 때로는 전투하는 군사처럼 강한 심령으로 기도할 때가 있을 것입니다. 어둠의 악한 영들(엡 6:12)을 결박하며, 악한 영의 올무에 매여 죽어가고 있는 영혼을 위해 대적하는 기도를 하는 것입니다. 사탄의 세력은 우리 눈에 보이지 않는 영적 존재입니다. 그러므로 이러한 영적전쟁에서는 영의 기도인 방언이 강력한 능력을 발휘하는 것입니다. 이 방언이 바로 불을 뿜으며 원수마귀 대적을 공격하는 능력방언 혹은 전투방언입니다.

때때로 하나님의 은혜와 사랑에 젖어 들며 방언을 말할 때도 있을 것입니다. 정확한 통변이 동반되지 않을지라도 방언기도를 많이 하다 보면 영적전투의 현장인지 하나님 앞에서 안식하는 순간인지를 분별하게 됩니다.

방언을 하면서 주의 깊게 영으로 느껴 보십시오. 우리의 영혼이 평안하며 은혜에 감격하여 방언으로 기도할 때는 하나님을 찬양하며 예배하는 것이며, 하나님을 칭송하는 것입니다. 그러나 심령 가운데 분노가 일어나며 알지 못하는 강력한 능력으로 방언이 나온다면 그것은 원수마귀를 향한 전투방언입니다. 영적전쟁을 수행하고 있는 것입니다. 그렇기 때문에 방언 기도가 더 강력해지는 것입니다.

이렇듯 방언으로 영적전쟁을 수행하며 사탄의 견고한 진들을 파쇄하는 기도를 올리는 사람들에게 하나님께서 은사를 부어 주십니다. 은사는 하나님 나라의 확장을 위한 도구이며 목적이 되어야 합니다. 그러므로 하나님 나라의 확장을 위해 영적전쟁을 수행하는 사람들에게 은사를 나눠주시는 것은 당연한 이치입니다. 전쟁터에서 군사들에게 무기를 지원하지 않는다면 결코 승리할 수 없습니다. 이와 마찬가지로 하나님 나라의 확장을 위해 영적전쟁을 수행하는 군사에게 은사의 무기를 주시는 것입니다.

첫 번째로 '영분별의 은사'를 부어 주십니다.

방언은 중보의 도구입니다. 중보하는 사람이 사탄의 손아귀에 잡혀 죽어가고 있는 영혼을 위해 기도할 때 영들 분별함 없이 어떻게 기도할 수 있겠습니까? 그 영혼을 대신하여 중보의 자리에서 어떻게 영적 전쟁을 수행할 수 있겠습니까? 그러므로 하나님께서 기도하는 사람에게 영분별의 은사를 부어 주십니다. 영분별의 은사를 가진 중보기도자는 방언으로 기도할 때 중보대상자의 영적인 환경을 느낄 수 있습니다. 영분별의 은사도 단계가 있으므로 분별하는 수준도 각기 다를 것입니다. 그러나 영이 열린 중보기도자들은 능력방언으로 중보할 때 악한 영이 어디를 잡고 있는지, 어떻게 통치하고 있는지를 알게 됩니다. 그리하여 중보의 자리에서 사탄의 세력들을 공격할 수 있는 것입니다.

두 번째로 '지식의 말씀의 은사'를 부어 주십니다.

능력방언으로 영적전쟁을 수행하는 사람은 영의 깊은 영역에서 강력한 영적전쟁을 수행하는 기도자입니다.

우리가 죄의 속성에서 벗어나 깨끗한 그릇으로서 성령의 충만함과 열매들이 맺어지고 있다면 우리의 심령 가운데 성령님의 지식을 넣어 주십니다. 이것이 바로 지식의 말씀의 은사입니다. 이 은사는 우리가 성령과 더 연합[41]해 나갈 때 급속하게 확장될 수 있습니다. 성령님의 생각이 우리의 생각이 되는 것이며, 성령님의 뜻이 우리의 뜻이 되는 것입니다. 우리의 영안에 내주하신 성령하나님의 뜻과 마음이 우리에게 그대로 전해지는 것입니다.

비단 영분별의 은사나 지식의 말씀의 은사뿐만 아니라 사역에 따라 다른 은사들도 나타나게 됩니다. 방언의 기본 은사의 바탕위에서 기도하며 훈련해 나갈 때 신유의 은사나 능력 행함의 은사 등이 임하게 됩니다. 물론 방언을 하지 못할지라도 지혜의 말씀의 은사나 믿음의 은사 등이 임할 수 있습니다. 그러나 영적으로 활성화 되었을 때 나타나는 은사들, 예를 들어 영들 분별함, 예언함, 방언들 통변함의 은사들은 방언으로 기도할 때 더 확장될 수 있습니다.

---

41) 성령 하나님은 거룩하신 분이십니다. 우리가 거룩해질 때 비로소 성령께서 연합의 단계들을 만들어 가십니다. 오직 말씀과 기도로 거룩해질 수 있습니다(딤전 4:5). 그렇기 때문에 성령과 연합하기 위해서는 쉬지 말고 기도하는 수고가 있어야 합니다.

방언은 능력과 권능을 여는 통로

권능의 사역자였던 사도 바울은 '내가 너희 모든 사람보다 방언을 더 말하므로 하나님께 감사하노라'(고전 14:18)라고 고백했습니다. 추측 건대 기도의 용사였던 사도바울은 방언으로 쉬지 않고 기도했을 것입니다. 사도바울의 권능이 방언기도를 통해 열렸다는 것을 부인할 수 없을 것입니다. 비단 사도바울의 예가 아닐지라도 기도가 능력의 통로라는 것은 성경 곳곳에서 발견할 수 있습니다.

마가 다락방에서 성령의 충만함으로 방언을 말했던 사람들을 보고 어떤 이들은 술에 취했다고 조롱했습니다. 이에 대해 베드로 사도는 방언을 말하는 사람들이 술에 취한 것이 아니라고 강력히 변호했습니다 (행 2:15). 성령강림의 강력한 첫 증거가 방언임을 목격한 베드로 사도도 추측건대 방언으로 기도했을 것입니다. 이후 베드로 사도는 기도하는 가운데 이방인인 고넬료를 향한 하나님의 뜻을 환상을 통해 전해 받았습니다(행 10:9-23). 기도를 통해 '환상'이라는 능력의 통로가 열린 것입니다.

방언 자체에 신비하고 특별한 능력이 있어 다른 은사들을 열 수 있는 것이 아닙니다. 예수님께서 말씀하신 대로 기도할 때 능력이 임하는 것입니다(막 9:29).[42] 방언은 기도의 도구입니다. 우리가 방언으로 기도할

---

42) 귀먹고 말 못하게 하는 귀신을 내쫓지 못했던 제자들에게 예수님께서는 "기도 외에는 다른 것으로는 이런 종류가 나갈 수 없느니라" 하시며 기도하지 않음을 책망하셨습니다. (막 9:14-29).

때 기름부음과 능력이 임하는 것입니다. 기도하지 않는다면 하늘의 능력을 끌어내려 하나님 나라를 확장할 수 없습니다. 보이지 않는 세계에서 일어나는 영적전쟁을 수행할 수 없는 것입니다. 결국 방언의 주체는 성령이시며(행 2:4), 은사는 성령의 선물(고전 12:1; 9-11)이므로 방언을 많이 할수록 능력을 행할 수 있는 은사들도 자연스럽게 열리게 되는 법입니다.

멕시코의 어느 도시에 60살이 넘으신 목사님께서 한인교회의 담임으로 청빙을 받고 오셨습니다. 하나님의 부르심에 순종하기 위해 안정된 직장을 내려놓고 늦은 나이에 목사 안수를 받은 것입니다. 우여곡절 끝에 멕시코 한인교회의 담임목사로 청빙을 받고 오신 것입니다. 그런데 이 목사님 부부는 선교사로 파송 받고 오신 것이 아님에도 불구하고 선교의 뜨거운 열정을 소유하고 계셨습니다. 한인교회의 담임목사로 청빙을 받고 올 경우 현지인을 선교하는 것에 상당한 제약이 따릅니다. 우선적으로 한인 성도들을 양육해야 하기 때문입니다. 다른 말로 선교의 열정을 품은 성도들의 동역이 없을 때 홀로 선교사역을 펼쳐가는 것은 쉽지 않다는 것입니다.

그러한 환경에도 불구하고 두 분은 현지인을 한명 한명씩 교회로 전도하기 시작하셨습니다. 이 목사님께서 오시기 전에는 오로지 한인들만 예배를 드렸습니다. 현지인과 함께 예배를 드리게 되자 예배의 형식 자체가 변화되었습니다. 찬양을 할 때에도 1절은 한국어, 2절은 스페인어로 번갈아가며 불러야 했습니다. 설교말씀도 동시통역으로 전해야 했습니다. 예상대로 성도들의 반대에 부딪쳤습니다. 결국 한인 성도들이 하나둘씩 빠져나가기 시작했습니다. 주로 한인들이 재정의 통로였기 때문에 목사님의 사례비도 급기야 삭감해야 했습니다. 그럼에도 불구하고 두 분은 현지인들의 전도를 멈추지 않았습니다.

그러던 중 목사님께서 교회 부근 빈민가를 대상으로 전도하기를 원하는데 협력선교를 해 줄 수 있느냐는 연락을 주셨습니다. 기쁜 마음으로 흔쾌히 승낙하고 기도로 준비했습니다. 그런데 3박 4일 일정으로 진행된 선교에서 놀라운 일들이 벌어졌습니다. 그동안 방언이외에 다른 은사가 전혀 나타나지 않았던 사모님에게 갑자기 강력한 신유의 은사가 나타난 것입니다. 보통의 경우 은사는 씨앗의 형태로 주어지며 훈련과 성숙의 단계를 거쳐 능력으로 나타나게 됩니다. 그런데 사모님은 보통의 경우와는 확연히 달랐습니다. 그동안 아픈 사람을 한 번도 치유해 본 경험이 없었고 은사에 대해서도 문외한이었습니다. 그런데 사모님의 기도로 상습적으로 마약을 투여했던 사람이 단번에 마약을 끊었습니다. 아픈 부위에 손을 얹고 기도하면 치유가 일어나는 것이었습니다. 또한 성령께서 긍휼의 마음을 주셔서 현지인들을 부둥켜안고 통곡하며 함께 울었습니다. 사모님은 성령님의 마음을 품고 오직 방언으로 기도한 것뿐이었습니다.

그 소식이 마을 곳곳에 전해지자 현지인들이 선교현장과 교회로 구름떼처럼 몰려들었습니다. 아픈 환자들은 안수를 받기 위하여 일렬로

줄을 섰습니다. 놀랍게도 기도 가운데 치유가 일어났습니다. 3박 4일의 모든 선교 일정을 마쳤을 때에는 마을 전체가 복음의 기쁜 소식을 접하게 되었고 교회에도 큰 부흥이 일어났습니다.

이렇게 사모님에게 강력한 신유의 은사가 나타난 이유가 있습니다.

첫째 복음이 전파되는 현장에 반드시 하나님께서 함께 하십니다. 특별히 선교의 현장에서는 성령께서 강력한 불과 능력으로 임하십니다. 복음 전파를 위해 이적과 표적이 필요하기 때문입니다. 그동안 선교 현장에서 귀신이 쫓겨나가며 병이 치유되는 사례를 수없이 목격했습니다. 복음이 전파될 때 권능의 예수님께서 동행해 주십니다. 전도자의 삶을 살고 있는 준비된 하나님의 사람들에게 물 붓듯이 성령의 은사들을 부어 주시는 것입니다.

둘째 기도가 쌓였던 것입니다. 사모님은 방언으로 기도했던 기도의 용사였습니다. 그동안 방언이외에 다른 은사는 나타나지 않았지만 이미 영이 활성화되어 있었으므로 초자연적인 신유의 은사가 열릴 수 있었던 것입니다. 이미 좋은 토양을 소유하고 있었던 것입니다. 그동안 쌓인 방언기도로 인해 능력과 권능이 임한 것입니다. 이렇듯 방언은 다른 은사를 여는 통로의 역할을 수행합니다.

11. 방언에 대한 다른 견해들

1) 마귀 방언이라 불리는 방언

거칠게 나오는 방언

방언을 듣다 보면 거칠게 나오는 방언이 간혹 있습니다. 이렇게 듣기 거북할 정도로 방언이 거칠게 나오는 경우 흔히들 마귀 방언이라며 오해하기도 합니다. 그러나 방언은 오직 하나님만이 주실 수 있는 선물이며, 마귀는 절대로 방언을 줄 수 있는 영적 능력이 없습니다. 이런 경우 그 사람 안에 악한 영이 있으므로 방언이 거칠게 나오는 것입니다.

방언은 우리 안에서 영적전쟁을 수행하는 순기능이 있다고 말씀드렸습니다. 그러므로 그 사람의 안에서 영적 전쟁을 치루고 있는 것입니다. 방언을 말하는 사람일지라도 성령과 악한 영이 함께 공존하는 양신역사가 일어날 수 있습니다.[43] 거룩한 성화를 이룬 사람에게만 방언이

---

43) 양신역사 : 한 사람 속에서 성령의 역사와 귀신의 역사가 동시에 일어나는 상태를 의미합니다. 성령이 내주하신 상태지만 죄를 수용할 경우 악한 귀신이 침범할 수 있습니다. 반대로 악한 귀신의 억압이 있는 상태이지만 성령께서 내주하실 수도 있습니다. 성령님은 우리의 영안에 거하시고 악한 귀신들은 육체와 혼에 거할 수 있으므로 성령과 악령이 모두 우리 안에 거할 수 있는 것입니다. 이때부터 본격적인 영적 전쟁이 일어나는 것입니다.

임하는 것이 아닙니다. 비록 그 사람이 죄에 노출되어 있고 악한 영이 역사하고 있을지라도 방언이 임할 수 있다는 것입니다.

이런 이유로 방언을 말할 때 만약 우리 안에 악한 영이 있다면 그 기도를 방해하는 것입니다. 하나님께서 방언 가운데 이미 보호막을 치셨으므로 그 방언을 방해할 수는 없습니다. 하지만 그 방언으로 악한 영과 영적전투를 수행하고 있기 때문에 그로 인해 방언이 거칠게 나오는 것입니다. 그 전투의 현장에서 영적전쟁의 산물로서 방언이 거칠게 나오는 것입니다. 이러한 거칠게 나오는 방언을 듣고 마귀가 준 방언이라며 오해하는 것입니다.

비록 방언이 거칠게 나올지라도 계속 기도한다면 시간이 지남에 따라 잠잠해지며, 평온한 방언으로 바뀌게 됩니다. 그 사람 안의 영적전투가 잠잠해진 것입니다. 어느 순간 우리의 영이 승리하게 되어 평온한 기도를 올릴 수 있는 것입니다. 방언은 능력과 강한 기름부음이 있는 기도이므로 방언으로 기도할 때 우리의 영혼이 보호를 받는 것입니다.

많은 사람들이 영적전투를 수행할 때 나오는 방언을 듣고 마귀의 방언이라고 오해합니다. 그러나 이 단계의 영적전쟁은 반드시 거쳐야 할 전쟁입니다. 승리하는 삶을 살 수 있도록 우리의 영혼을 청소하며 정화하는 단계인 것입니다. 이 단계를 거치지 못한다면 더 깊은 영의 세계로 진전될 수 없는 것입니다. 이러한 단계를 거쳐 가면서 방언이 성숙되어지며 하나님 안에서 안식하며 자유하게 되는 것입니다.

흉내방언

우리가 생각하고 있는 것보다 사탄은 큰 능력과 권세가 있습니다. 사탄은 모방의 영이며, 거짓의 영입니다. 하나님의 백성들을 미혹하여 구원을 잃게 하는 것이 그들의 유일한 목적입니다. 그 목적을 달성하기 위해 혈안이 되어 하나님의 사역을 훼방하며 방해하고 있는 것입니다.

모방의 영인 사탄은 그들의 도구인 사람을 사용하여 하나님의 일을 흉내 내기도 합니다.

> "바로도 현인들과 마술사들을 부르매 그 애굽 요술사들도 그들의 요술로 그와 같이 행하되 각 사람이 지팡이를 던지매 뱀이 되었으나 아론의 지팡이가 그들의 지팡이를 삼키니라" (출 7:11-12, 개정)

> "애굽 요술사들도 자기들의 요술로 그와 같이 행하므로 바로의 마음이 완악하여 그들의 말을 듣지 아니하니 여호와의 말씀과 같더라" (출 7:22, 개정)

모세와 아론이 행한 이적을 애굽의 요술사들이 그대로 흉내 내고 있음을 본문 말씀에서 볼 수 있습니다. 사탄이 그들의 도구를 사용하여 하나님의 일을 모방하고 있는 것입니다. 애굽의 요술사가 하나님의 일을 흉내 내고 있을 때 바로 왕은 하나님의 권능을 무시하며 별 것 아니라고 생각했습니다. 하나님의 일을 흉내 내고 있는 요술사들을 보며 바로 왕의 마음은 더 강퍅해졌고 결국 하나님의 일을 훼방하는 방해자로 쓰임 받게 된 것입니다. 이처럼 사탄은 하나님의 역사와 은사를 모방하며 흉내 내어 하나님의 일을 방해하는 것입니다.

방언 역시 사탄의 도구로 사용되는 사람을 통해 방언과 비슷한 음절을 만들어 흉내 낼 수 있습니다. 그러나 이들이 말하는 것은 실제로 방언이 아니며 그 사람 속에 역사하고 있는 악한 영이 입을 잡고 방언을 흉내 내고 있는 것입니다. 미혹의 영이 그를 사로잡아 현혹하기 위한 목적으로 사용하고 있는 것입니다. 마귀가 이렇게 하는 이유는 방언에 대한 부정적인 시각을 갖게 하므로 방언 자체를 거부하게 만들기 위함입니다.

여기서 유념할 것은 앞서 언급한 거칠게 나오는 방언과 흉내방언의 차이를 잘 분별해야 한다는 것입니다. 거칠게 나오는 방언은 성령께서 그 사람의 영 안에서 대신 영적전쟁을 치루고 있으므로 방언이 거칠게 나오는 것입니다. 성령의 역사입니다. 그러나 흉내방언은 마귀의 도구로 사용되고 있는 사람에 의해 의도적으로 방언과 같은 음절을 만들어 흉내 내고 있는 것입니다. 사탄의 역사인 것입니다.

일 년 전쯤 한국에 있는 어떤 전도사님이 멕시코로 전화를 주셨습니다. 새벽 예배 후 방언으로 기도하고 있는데 교회의 성도인 한 청년이 갑자기 큰 소리로 자신의 방언을 흉내 내며 그대로 따라하더라는 내용이었습니다. 그 청년은 자신도 방언을 말할 수 있다며 그대로 따라하

더라는 것입니다. 문제는 그 청년이 귀신이 들린 상태라는 것입니다.[44]
귀신들린 청년이 자신의 방언을 그대로 따라하며 흉내 내자 전도사는
'어떻게 귀신들린 사람이 방언을 말할 수 있는가?'하며 상담을 해 온 것
입니다. 이 일로 인해 그 전도사는 자신의 방언이 마귀 방언인가 의심하
며 기도 생활이 위축되고 있다고 했습니다.

그래서 마귀도 사람을 도구로 하여 방언을 충분히 흉내 낼 수 있으
며, 외국어를 통해 방언처럼 들리게 할 수 있는 능력이 있다고 말해 주
었습니다. 이와 더불어 방언기도에 대해 두려워하고 있는 전도사를 위
해 방언을 통변해 주었습니다. 하나님 나라의 확장과 하나님을 찬양하
는 내용의 방언통변을 들은 후에야 비로소 마음에 평안을 찾게 되었습
니다.

이렇듯 우리 주변에 방언에 대해 부정적인 시각을 갖도록 하기 위해
사용되는 사람들이 더러 있습니다. 방언의 유익을 경험하지 못한 성도
인 경우 흉내방언을 목격했을 때 방언에 대해 부정적인 시각을 갖게 되
어 거부하게 되는 것입니다.

---

44) 귀신은 자신의 정체를 철저히 숨기고 위장한 채 사람 속에 처소를 틀고 역사하기 시작합니다. 그 사람이
짓고 있는 죄성의 틈을 타고 들어와 주인행세를 하는 것입니다. 그 사람의 성품과 기질 안에 귀신이 숨어
있게 된다면 귀신의 정체가 좀처럼 드러나지 않을 수도 있습니다. 그 사람의 성품인 것처럼 위장하여 숨어
있기 때문입니다. 그러나 이 청년의 경우 귀신이 직접 그 청년의 입을 잡고 말하고 있었기 때문에 귀신이 들
린 상태임을 주변 사람들이 알 수 있었던 것입니다.

그러나 방언은 영적전쟁의 강력한 도구이며 중보의 능력을 가진 기도입니다. 방언으로 기도할 때 사탄의 견고한 진들이 파괴되며 하나님 나라가 확장되는 것입니다. 방언 자체에 능력과 기름부음이 있기 때문입니다. 미혹의 영은 능력의 기도인 방언을 마귀의 방언이라고 속이며 훼방하고 있는 것입니다.

뿐만 아니라 방언은 성령의 언어이므로 성령 안에서 방언의 통변이 가능합니다. 방언 안에 하나님의 메시지가 내포되어 있는 것입니다. 반면 악한 영들에 의해 의도적으로 만들어 낸 흉내방언은 영의 언어가 아니므로 통변이 불가능합니다. 흉내방언을 들었을 때 악령의 영향력이 느껴지고 불쾌함만을 느낄 뿐입니다.

이 마지막 때는 분별의 시대입니다. 사탄은 하나님의 백성들을 넘어 뜨리며 현혹하기 위하여 영적인 미혹들을 뿌려 놓고 있습니다. 오직 성령의 일은 성령으로 분별합니다. 그 안에 성령이 있다면 성령의 눈으로 바라볼 수 있으므로 그것이 성령의 역사인지 악령의 역사인지를 분별할 수 있습니다.

우리가 분별하기 위해서 성령 안에서 기도하고 늘 깨어 있어야 합니다.

"모든 기도와 간구를 하되 항상 성령 안에서 기도하고 이를 위하여 깨어 구하기를 항상 힘쓰며 여러 성도를 위하여 구하라" (엡 6:18, 개정)

사도바울은 에베소 교회에게 '항상 성령 안에서 기도하라'고 권면했습니다. 성령 안에서 하는 기도란 기도의 주도권이 성령께 있는 기도일 것입니다. 비록 내가 기도하고 있지만 성령님의 이끄심 속에서 올려지는 기도일 것입니다. 성령 안에서 하는 기도야말로 가장 고차원적인 기도이며 기도의 정수입니다. 방언기도만이 성령 안에서 기도하는 것이라고 단정하여 말하는 것이 아닙니다. 그러나 방언은 성령께서 그 주체되시므로 성령 안에서 기도할 수 있는 통로를 더 활짝 열게 됩니다.

2) 방언에 대해 부정적인 사람들

우리가 신령과 진정으로 기도할 때 하나님께서는 반드시 들으시고 응답해 주십니다(렘 29:12-13). 하지만 우리가 신령과 진정으로 기도하기에는 아직 영적으로 민감하지를 못합니다. 이러한 영적인 연약함을 잘 아시는 하나님께서 기도의 도구인 방언을 선물로 주신 것입니다.

그러나 주변을 둘러보면 방언에 대해 오해하며 방언의 능력을 부인하는 사람들이 많습니다. 알지 못하는 수만 마디의 방언보다 마음으로 기도하는 것을 하나님께서 더 기뻐하신다고 생각합니다. 그렇게 생각하는 사람들 가운데 상당수는 목회자에게 그렇게 양육 받고 있는 경우가 많습니다. 방언에 대한 부정적인 시각을 가진 목회자에게 양육을 받고 있음으로 인해 그 영이 제한받고 있는 것입니다. 성령은 인격이시므로 우리가 환영하고 받아들일 때 더 강력하게 역사하실 수 있습니다. 비록 성령께서 내주하고 계신다 할지라도 방언을 부정적으로 생각한다면 방언이 나타나는 것이 제한될 수 있는 것입니다.

목회자가 방언을 부정적으로 생각하는 이유는 영적인 체험이 없기 때문일 것입니다. 방언의 유익을 누려보지 못했기 때문일 것입니다. 영적인 체험이 없는 목회자에게서 양육 받은 성도들은 그 목회자의 영성을 뛰어 넘을 수 없습니다. [45] 교회 공동체는 목회자에 의해 양육되는 시스템이므로 목회자의 영성이 성도들의 신앙에 그대로 반영될 수 있습니다. 만약 목회자가 영적 체험이 없다면 성도들을 제대로 양육할 수 없으며 일정수준을 넘어설 때 본의 아니게 제한할 수도 있는 것입니다.

---

45) "제자가 그 선생보다, 또는 종이 그 상전보다 높지 못하나니 제자가 그 선생 같고 종이 그 상전 같으면 족하도다 집 주인을 바알세불이라 하였거든 하물며 그 집 사람들이랴"(마 10:24-25, 개정)

2장
방언의 영적 원리

1. 성령 충만과 방언과의
관계에 대하여 (행 2:2-4)

편재하신 성령하나님

하나님의 영인 성령은 이 온 우주에 편재하신 분이십니다. 창조주로서, 주관자로서, 통치자로서 온 우주에 편재하시며 다스리시는 분이십니다. 이 성령님이 우리 안에 임재하시는 것입니다. 그러나 많은 사람들이 이 성령님에 임재에 대한 오해를 가지고 있습니다. 성령님이 우리 안에 임재하실 때 성령님이 하나의 객체로서 우리 안에 들어온다고 생각을 하는 것입니다. 김집사에게도 성령님이 들어오고 박집사에게도 성령이 들어 온다고 생각을 하는 것입니다. 그러나 이것은 하나님의 속성을 이해하지 못해서 생긴 오해입니다. 오히려 성령님이 우리 안에 임재하신다고 말할 때 그것은 정반대로 우리가 이 온 우주에 편재하고 계신 성령하나님의 품 안으로 들어가는 것입니다. 우리가 성령님 안에 거하는 것입니다(엡 2:22). 우리 안에 성령님이 성전을 둔다는 것은 오히려 우리가 성령님의 임재 안으로, 편재 안으로 들어가는 것을 말하는 것입니다.

그러나 어둠의 권세는 이 영적인 원리와는 다릅니다. 악한 귀신은 한 객체로서 움직입니다. 그래서 사람 속에 악한 귀신이 몇 마리가 들어갔는지 셀 수가 있습니다. 예수님께서는 거라사의 광인 안에 들어 있던 2천 마리의 군대귀신을 쫓아내셨습니다(막 5:13). 막달라 마리아에게도 일곱 귀신이 들렸던 것이 성경에 기록되어 있습니다(눅 8:2). 악한 귀신은 한 객체로서 우리 안에 들어올 수 있는 것입니다.

반드시 이 차이를 기억하십시오. 성령님은 오직 한 분이십니다. 성령께서 온 우주에 편재하고 계시므로 우리가 성령님의 편재 안으로 들어가는 것입니다. 하나님의 영 안에, 임재 안에 우리가 들어가는 것입니다. 성령의 내주와 악한 귀신의 들어옴은 이렇듯 본질적으로 차원이 다른 것입니다.

성령 충만의 의미와 현상들

성령께서 머리부터 발끝까지 온전히 통치하는 상태를 성령 충만한 상태라고 말합니다. 성령의 충만함이 있을 때 우리가 온전히 성령의 임재가운데 머물게 되는 것입니다. 성령께서 성령의 충만함을 주시는 이유는 우리를 온전히 통치하기 위함입니다.

성령님은 영이시며 우리는 육으로 덧입혀진 존재입니다. 그렇기 때문에 성령께서 강하게 우리 안에 임재하실 때는 영과 육이 충돌하므로 육체적 사인이 동반될 수 있습니다. 이 경우 사람의 기질과 성품에 따라 성령 충만의 현상도 각기 다르게 나타날 수 있습니다. 예를 들어 불기둥 같은 것이 들어오는 것을 느낄 수도 있을 것입니다(행 2:3). 온 몸이 진동하며 강한 충격으로 뒤로 넘어질 수도 있습니다. 강한 성령의 임재로 통곡하기도 할 것입니다. 때로는 부드러운 느낌으로, 무엇인가에 휩싸인 듯 평온함을 느꼈을 수도 있습니다. 예수님의 경우 성령으로 세례받으실 때 비둘기의 형상으로 부드럽게 성령께서 임하셨습니다(마 3:16).

그렇다고 성령의 충만함을 입을 때에만 육체적 사인이 동반되는 것은 아닙니다. 거듭날 때에도 육체적 사인이 나타날 수 있습니다. 감격, 감사, 눈물과 통곡이 수반될 수 있습니다. 특별히 다메섹 도상에서 예수님을 만난 사도바울과 같이 급진적 거듭남(행 9:3-9)을 경험할 경우 강한 육체적 사인이 동반될 수 있습니다. 반면 점진적으로 서서히 거듭남을 경험할 경우 성령의 내주하심이 육체 가운데 느껴지지 않을 수도 있습니다.

기억할 것은 거듭남의 경험은 우리의 구원과 관련이 있다는 것입니다. 반면 성령의 충만함은 사역적인 측면과 연관되어 있습니다.

거듭남의 경험은 주로 우리의 영의 영역에서 일어나는 일입니다. 하지만 성령의 충만함은 우리의 영혼육 전반적인 부분에서 현상이 나타날 수 있습니다.

오순절날 마가다락방에 모여 있던 120문도가 바로 영혼육의 전반적인 영역에서 성령의 충만함을 경험했던 사람들이었습니다.

> "홀연히 하늘로부터 급하고 강한 바람 같은 소리가 있어 저희 앉은 온 집에 가득하며 불의 혀 같이 갈라지는 것이 저희에게 보여 각 사람 위에 임하여 있더니 저희가 다 성령의 충만함을 받고 성령이 말하게 하심을 따라 다른 방언으로 말하기를 시작하니라" (행 2:2-4, 개역)

마가다락방에 있었던 120문도는 성령의 충만함의 증거로 방언이 나타났습니다(행 2:4; 10:44-46; 19:6). 성령의 충만함으로 인해 그들의 입술이 성령의 언어를 말할 수 있는 통로를 연 것입니다. 성령의 충만함을 입었을 때 방언이 쉽게 임하는 이유는 머리부터 발끝까지 성령의 통치함을 입기 때문입니다. 성령께서 그들의 입을 통치하며 주장하시는 것입니다.

강력한 성령의 충만함을 입을 때 방언뿐만 아니라 회복과 치유도 함께 일어날 수 있습니다. 악한 영의 올무나 묶임이 있었다면 악한 영이 견디지 못하고 떠나가게 됩니다. 악한 영이 질병을 잡고 있었다면 질병이 치유될 수 있습니다. 악한 영이 상처를 잡고 있었다면 그 상처가 치유될 수 있습니다. 우리의 삶을 피폐하게 만들었던 중독이 단번에 끊어질 수도 있습니다. 성령이 강하게 임하심에 따라 술, 담배, 마약, 음란의 중독에서 단번에 자유해질 수 있습니다. 성령께서 충만하게 임하실 때 복음의 빛이 어둠을 조명함으로 악한 영들이 쫓겨 나가며 모든 더러운 문제들이 제해지는 것입니다.

특별히 성령이 충만할 때 방언을 선물로 주시는 이유는 하나님과의 소통을 위해서입니다. 세상에서의 주된 소통의 도구는 바로 언어입니다. 언어적 교감이 이루어지지 않는다면 친밀한 관계로 진전되기는 어려울 것입니다.

하나님과 우리와의 관계도 이와 마찬가지입니다. 하나님과 친밀한 관계로 진전되기 위해서는 언어적 교감이 반드시 일어나야 합니다. 하나님의 언어와 우리의 언어가 하나로 통일될 때 비로소 친밀한 관계로 진전될 수 있기 때문입니다.

방언은 영의 언어, 즉 하나님과 비밀을 말하며 소통할 수 있는 언어입니다(고전 14:2). 하나님께서 사랑하는 자녀인 우리와 언어적 교감을 이루기 위해 주시는 아버지의 선물인 것입니다. 하나님께서는 일방적으로 말씀하시는 분이 아니십니다. 우리와 인격적으로 소통하며 아버지의 마음을 우리에게 보여 주시기를 원하시는 것입니다.

결론적으로 성령의 충만함을 입었을 때 소통의 도구인 방언을 선물로 주심으로 하나님과 소통의 길을 열어 주시는 것입니다. 이렇듯 성령의 충만함과 방언과의 관계는 뗄레야 뗄 수 없는 불가분의 관계인 것입니다. 성령의 충만함을 입을 때 그 사인으로 방언이 나타날 수 있으며, 방언으로 계속 기도할 때에도 성령이 충만해 집니다. 성령의 충만함과 방언은 상호 연관관계가 상당히 깊습니다.

2. 방언의 덕에 대하여 (고전 14:4)

"방언을 말하는 자는 자기의 덕을 세우고 예언하는 자는 교회의 덕을
세우나 (고전 14:4, 개정)

　방언을 말하는 사람은 자기의 덕을 세운다고 성경에 기록되어 있습니다. 방언은 영의 기도이므로 여기서 말하는 덕은 주로 하늘에 속한 덕을 의미합니다. 이 세상에서 말하는 덕, 즉 우리가 잘 먹고 잘 사는 덕이 아닌 것입니다. 이 세상에 속한 덕이 아니기 때문에 우리가 생각하는 덕과는 다소 차이가 있을 수도 있습니다.

　여기서 말하는 방언의 덕은 우리의 영혼이 깨끗하게 되는 것입니다. 우리의 영혼이 보호를 받는 것입니다. 방언의 유익은 우리의 영혼을 청소하는 것이며, 깨끗하게 하는 것이며, 하나님의 음성을 들을 수 있는 통로를 여는 것입니다. 하나님께서 우리에게 부어주고자 하는 기름부음을 받을 수 있는 통로를 여는 것입니다. 하나님께서 주시는 좋은 것들을 받기 위하여 우리의 영혼의 더러운 것들을 제하는 것입니다. 이것이 바로 가장 큰 방언의 덕입니다.

그러나 방언 안에 우리 영혼의 정화만을 위한 기도만 내포되어 있는 것이 아닙니다. 우리의 일상의 삶에 관련된 내용도 다수 포함되어 있습니다. 방언이 하나님 나라의 확장을 위한 영의 기도라고 생각하여 육적인 간구는 전혀 없을 것이라고 생각하지 마십시오. 방언 안에 우리의 일상에 관련된 문제와 황충을 막는 간구도 포함되어 있습니다. 우리의 삶 속에서 드러나는 문제들(질병, 재정, 각종 문제 등)도 방언 안에 내포되어 있다는 것입니다.

만약 예기치 못한 질병으로 고통 받게 된다면 실족하여 하나님 앞에 나오기 어려울 것입니다. 그래서 방언 안에도 우리의 건강과 질병의 회복을 간구하는 기도도 내포되어 있습니다. 건강이 회복됨으로 하나님 나라 확장을 위해 더 헌신할 수 있기 때문에 방언 안에 일상에 관련된 간구가 포함되어 있습니다.

하나님께서는 건강의 문제로, 물질의 궁핍으로 우리가 좌절하며 승리하는 삶을 살지 못하는 것을 안타까워하십니다. 이러한 삶의 문제들을 올리는 간구가 방언기도 안에 내포되어 있는 것입니다.

방언은 하나님 나라의 확장을 위한 중보가 주를 이루지만 개인의 간구도 포함되어 있다는 것을 기억하십시오. 방언은 우리가 승리하는 삶을 살 수 있도록 우리의 영이 간구하는 것입니다. 그렇기 때문에 이 방언 안에 하늘에 속한 덕뿐만 아니라 우리의 일상의 간구도 포함되어 있는 것입니다.

3. 영(방언)과 마음으로 함께 기도하는 것에 대하여 (고전 14:14-15)

"내가 만일 방언으로 기도하면 나의 영이 기도하거니와 나의 마음은 열 매를 맺지 못하리라 그러면 어떻게 할까 내가 영으로 기도하고 또 마음 으로 기도하며 내가 영으로 찬송하고 또 마음으로 찬송하리라" (고전 14:14-15, 개정)

우리가 방언으로 기도할 때 마음으로도 하나님께 기도하며 찬양한 다면 영의 기도를 마음으로도 느낄 수 있습니다. 이런 경우 우리의 영혼 육이 함께 기도하게 되는 것입니다. 그렇게 될 때 그 기도는 땅에 떨어 지지 않고 온전히 하늘로 상달될 수 있습니다.

또한 영으로 기도하면서 또 마음으로도 기도한다면 열매가 맺히게 됩니다. 이 기도의 훈련을 해 나간다면 속사람에 의해 겉사람이 지배되 는 과정을 통해 우리가 더욱 거룩해지게 됩니다(고후 4:16).

그러하므로 방언으로 기도할 때에 마음으로도 온전히 하나님을 갈 망하며 집중해야 합니다. 우리의 영이 방언으로 찬양할 때에 우리의 마 음도 하나님을 찬양하며 경배해야 합니다. 때로는 이것이 힘든 훈련일 수 있습니다. 그러나 우리의 영혼육이 함께 혼연일체로 기도할 때 영의 비밀들이 혼과 육체 가운데서도 풀어지게 됩니다. 우리의 영혼육이 혼연 일체가 되어 기도할 때 많은 계시들이 풀어지는 것입니다(고후 12:1).

사도바울은 영으로 기도하고 마음으로 기도했기에 모든 세상적인 것들을 배설물로 여기며 하나님 나라의 확장을 위해 수고할 수 있었던 것입니다(빌 3:8). 영의 기도에 의해 육신의 모든 소욕들을 배설물처럼 버릴 수 있는 담대함이 생긴 것입니다. 사도바울이 기도를 많이 하였음으로(살전 5:17; 고전 14:18) 하늘나라의 비밀들을 알게 된 것이며(고후 12:7) 육체를 쳐서 복종시킬 수 있는 영적 수준에 오른 것입니다(빌 1:21). 이것이 바로 하늘의 영성입니다. 깨끗하고 거룩한 영성으로 가기 위하여 우리는 영과 마음으로 기도하며 찬송해야 하는 것입니다.

4. 영으로 비밀을 말한다는
것에 대하여 (고전 14:2)

"방언을 말하는 자는 사람에게 하지 아니하고 하나님께 하나니 이는
알아듣는 자가 없고 영으로 비밀을 말함이라" (고전 14:2, 개정)

영의 기도인 방언은 강력한 능력이 있습니다. 방언은 중보의 기도를
포함합니다. 만약 중보기도자가 방언을 말하지 않는다면 기도의 거룩
한 부담감을 감당하기 어려울 것입니다.

사탄의 견고한 진을 파쇄하기 위해 기도하는 중보자가 영의 비밀을
알지 못한다면 어떻게 영의 깊은 영역에서 기도할 수 있겠습니까? 그래
서 하나님께서는 헌신된 중보기도자에게 방언과 함께 지식의 말씀의
은사(고전 12:8)나 영분별의 은사(고전 12:10)등을 선물로 주시는 것입니다.
방언으로 기도할 때 '영으로 비밀을 알게 하기 위함'입니다. 영으로 기
도할 때 그 상황을 보여주기 위함입니다. 좀 더 깊은 영역에서 기도하
는 중보기도자는 영이 열려 환상을 보며 중보하기도 합니다(행 11:5;
22:17).

중보는 큰 사명입니다. 중보는 전쟁터의 후방에서 전방으로 미사일
을 쏘는 것과 같습니다. 복음을 든 사역자들이 그곳에 들어가기 전에

먼저 미사일을 쏘며 선전포고를 하는 것과 동일합니다. 아마도 중보의 부대, 중보의 용사들이 없다면 하나님 나라의 확장은 더디게 일어날 것입니다. 그래서 하나님께서는 중보기도자에게 영으로 비밀을 말하며 풀어주고 계시는 것입니다.

예를 들어 보겠습니다. 어떤 나라를 품고 기도하는 중보기도자가 있습니다. 현재 그 나라에는 사탄의 견고한 진들이 나라 전반을 감싸고 있습니다. 성령께서 중보기도자에게 "견고한 진을 파쇄하라"고 영으로 비밀을 말해 주십니다(고후 10:4). 어떤 지역에 어떠한 견고한 진이 덮고 있는지, 우상숭배의 영이 어떻게 덮고 있는지를 성령께서 영으로 비밀을 말해 주십니다. 어떤 지역에 음란의 영, 중독의 영, 폭력의 영들이 포진되어 있는지 영으로 비밀을 말해 주시는 것입니다. 중보기도자는 성령께서 영으로 말씀하신 비밀을 듣고 사탄의 견고한 진을 파쇄하기 위하여 기도하게 됩니다. 중보기도자들이 견고한 진들을 파쇄해갈 때 복음이 들어갈 수 있는 통로가 열리게 됩니다. 그런 이후에 복음을 전하는 사역자들이 들어가는 것입니다.

이와 동시에 성령께서는 사람들의 마음이 열리는 기도를 인도하십니다. 강퍅하고 완고한 사람들, 복음을 받아들이지 않는 죽어가는 영혼의 마음이 열리도록 미리 기도로 준비시키는 것입니다. 이렇게 기도로 준비한 후에 사역자를 보낼 때 사탄의 방해 없이 복음이 전해지게 되는 것입니다. 사전에 기도로서 복음의 포문을 여는 것입니다.

이러한 일들은 하나님의 사역 가운데 지금 실상으로 일어나고 있는 일입니다. 이것이 바로 성령께서 중보기도자에게 영으로 비밀을 말씀해 주시며 기도를 이끄시는 예일 것입니다(고전 14:2).

몇 년 전 멕시코의 뿌에블라라는 도시에 선교를 갔을 때에 경험했던 일입니다. 나의 경우 선교를 가기 전에 미리 기도로서 선교를 준비합니다. 기도 가운데 그 도시를 덮고 있는 견고한 진은 우상숭배의 영이라는 감동을 주셨습니다. 그래서 선교를 떠나기 일주일 전부터 우상숭배의 영을 파쇄하는 기도를 올렸습니다.

선교지에 도착하여 다른 선교 팀과 합류한 후 아담한 호텔에 숙소를 정했습니다. 숙소에서 잠을 청하려는 순간 성령께서 "우상숭배의 영을 파쇄하는 기도를 올리라"는 기도의 부담감을 주셨습니다. 그 말씀에 순종하여 방언으로 기도하는데 어떤 악령의 도전을 받아 밤을 거의 꼬박 세웠습니다. 그 악령의 세력이 얼마나 강력한지 도시 전반을 휩싸고 있다는 느낌이 들었습니다. 예수님의 복음의 빛이 그 지역에 들어가지 못하도록 두꺼운 막을 형성하여 차단하고 있다는 것이 느껴졌습니다.

다음날 로비에 내려와 보니 호텔 카운터 바로 앞에 큰 여자 사진이 붙어 있었습니다. 그 사진 밑에는 마치 제사상을 차려놓은 것처럼 꽃이며 사진이며 여러 가지가 놓여 있었습니다. 그 사진의 주인공은 바로

'과달루페 성모'였습니다.[46] 전날 밤 방언으로 중보하며 영전전쟁을 치렀던 악령이었던 것입니다.

유난히 그 도시에는 과달루페 여신을 믿는 사람들이 많았습니다. 심한 경우 집에 과달루페 여신의 동상을 세워놓고 매일 예배하며 경배하기도 합니다. 그럴 경우 그 지역을 덮고 있는 우상숭배의 견고한 진들로 인해 복음의 빛이 들어가는 것이 차단되게 됩니다. 예수님의 보혈로 덮고 대적하지 않는다면 선교 현장에서 강력한 도전과 방해를 받을 수도 있다는 것입니다. 그렇기 때문에 성령께서는 "우상숭배의 영을 파쇄하라"하시며 방언으로 기도를 인도하신 것입니다. 이것이 바로 성령께서 영으로 비밀을 말해주심으로 기도를 이끄신 예일 것입니다.

앞서 살펴본 것처럼 어떠한 견고한 진으로 덮여 있느냐에 따라 그 지역의 영적 흐름이 달라집니다. 음란과 중독의 영들로 덮여 있다면, 그 지역은 각종 음란물과 마약과 같은 중독물을 생산하는 본거지가 됩니다. 만약 폭력과 살인의 영들이 포진해 있다면 다른 도시에 비해 폭력이나 살인사건이 빈번하게 발생되게 됩니다. 이러한 영적인 비밀들은 인간

---

46) 멕시코는 국교가 가톨릭이지만 실상 이것은 껍데기 일뿐 멕시코인들 상당수는 '과달루페 성모'를 신봉하고 있습니다. 과달루페의 성모는 16세기 멕시코에서 발현했다고 전해지는 성모 마리아를 일컫는 호칭입니다. 과달루페 성모는 멕시코의 가톨릭 신자들에게 중요한 상징적인 존재입니다. 멕시코 국가를 대표하는 상징물이기도 합니다. 멕시코의 지역 곳곳마다 과달루페 성모상이 세워져 있으며, 현재 가장 강력한 우상숭배의 영으로 멕시코 전체를 덮고 있습니다.

의 이성과 지식으로는 도저히 알 수 없는 영역입니다. 오직 성령께 영으로 비밀을 듣게 됨으로 알게 되는 영적인 영역인 것입니다.

이러한 영적인 비밀들은 영의 기도인 방언으로 풀어지는 경우가 많습니다. 성령께서 영으로 비밀을 말해주심으로 중보하며 그 기도를 기반으로 하나님의 사역들이 펼쳐지고 확장되고 있는 것입니다.

만약 우리가 방언으로 기도할 때 갑자기 지혜가 떠오른다면 하나님으로부터 오는 영의 비밀일 가능성이 높습니다. 하나님께서 주신 영의 비밀로 사역을 감당하게 된다면 우리 앞에 막힌 담은 없을 것입니다.

5. 예언의 덕에 대하여 (고전 14:3)

"그러나 예언하는 자는 사람에게 말하여 덕을 세우며 권면하며 위로하
는 것이요" (고전 14:3, 개정)

우리의 영혼은 오직 하나님만을 갈망합니다. 오직 하나님만을 사랑
합니다. 비록 육신은 하나님을 대적하고 있을지라도 우리의 영은 하나
님 안에 안식할 때라야 비로소 온전해질 수 있습니다. 우리는 하나님을
이렇듯 갈망하는 존재이기에 하나님으로부터 위로와 권면을 받을 때
완전한 회복이 일어납니다(시 42:2). 백만 마디의 사람의 말로 위로할지
라도 하나님의 마음을 받은 것이 더 큰 위로가 되는 것입니다.

진정한 예언은 길흉화복을 말하는 것이 아니라 하나님의 마음을 전
달하여 사람을 위로하며 세우는 것입니다. 하나님의 메시지를 하나님
께서 원하시는 대상에게 전하여 그 사람이 온전해질 때 비로소 예언의
기능을 다하는 것입니다.

예언을 말하게 하시는 주체는 성령님이십니다. 예언자는 성령님의
음성을 듣고 전달하는 사람입니다. 하나님의 뜻을 먼저 알고 전하는
사람인 것입니다. 그렇기 때문에 먼저 성령의 충만함으로 그 분의 음성
을 들어야 하는 것입니다. 그 음성을 죽어가는 영혼, 실족한 영혼, 위로

가 필요한 영혼에게 전달할 때 그 영혼이 소생되는 것입니다.

방언 안에는 하나님의 비밀과 하나님의 마음이 담겨 있습니다. 우리가 감당 못할 놀라운 하나님의 사랑과 위로가 방언 안에 담겨 있는 것입니다. 방언이 하나님과의 소통의 언어이기 때문에 방언을 통변할 때에는 하나님의 마음과 메시지가 담겨지는 것입니다.

작년 10월경 미국 엘에이(LA)에 있는 어느 교회에서 집회를 하게 되었습니다. 어떤 분이 기도를 받으러 찾아 오셨습니다. 방언을 통변하니 이러한 말만 계속 되풀이 되어 나왔습니다.

"딸아. 내가 너를 사랑한다. 너를 사랑한단다. 너무나 많이 사랑한단다. 백 번, 천 번, 만 번 너를 사랑한다고 말할 수 있도다. 내가 너에게 사랑한다는 말을 전하기 위해서 이 여종을 보낸 것이니라. 나의 사랑을 너에게 전하기 위해 이 여종을 보낸 것이니라."

10여 분간 방언을 통변하며 기도했는데 오직 이 말씀으로만 통변이 되어 나왔습니다. 기도를 마친 후 그 집사님을 보니 온통 얼굴에 눈물 범벅이 되어 있었습니다. 그 분께서 이렇게 말씀하셨습니다.

"사실 기도할 때마다 하나님! 저 사랑하세요? 저 많이 사랑하세요? 나는 하나님을 사랑하는데 하나님은 저를 사랑하세요? 저를 얼마만큼 사랑하는지 듣고 싶어요. 하나님. 말씀해 주세요. 저를 얼마나 사랑하세요? 그동안 이러한 기도만을 하나님께 올렸습니다."

그 분은 진정으로 하나님의 사랑을 확인하고 싶었던 것입니다. 이

기도를 들으신 하나님께서는 그 분에게 아버지의 극진하신 사랑을 전하기 위해 나를 그곳으로 인도하신 것이었습니다.

하나님의 사랑과 마음을 전했던 예화를 하나 더 나누겠습니다.

최근의 선교여행에서 있었던 일입니다. 그 선교지는 멕시코 국내선 비행기를 타고도 여섯 시간을 더 차를 타고 나서야 도착할 수 있었던 외진 곳이었습니다. 가는 길이 비포장 자갈 산길이다 보니 차가 미끄러져 애를 먹기도 했습니다. 찾아가는 길이 얼마나 힘든지 이 외진 인디언 마을에 도대체 누가 있길래 주님께서 보내시는 것일까 내심 궁금하기도 했습니다. 비탈진 산길을 한참을 힘겹게 오른 뒤에야 산 중턱에 있는 한 마을에 도착했습니다.

아홉 명의 선교팀이 어렵게 찾아간 인디언 마을에 키가 110센티미터도 안 되어 보이는 모녀가 살고 있었습니다. 그런데 갑자기 그 할머니를 위해 "기도하라"는 감동을 주셨습니다. 너무나 작고 왜소한 할머니를 안고 방언으로 기도하는데 "내 사랑하는 딸아. 내가 너의 심장이 아픈 것을 안다"라는 통변이 나왔습니다. 이 할머니는 그동안 심장에 문제가 있었지만 의료혜택을 받을 수 없는 환경속에서 고통으로 몸부림치고 있었던 모양이었습니다. 주님께서는 이 할머니의 아픈 심장의 치유와 회복을 위해 기도하게 하셨습니다. 선교팀원 모두 한 마음으로 그 모녀를 위해 기도했습니다. 기도 후 그 할머니는 하나님께서 보잘 것 없는 자신을 위해 우리를 보내 주셨다며 우셨습니다. 한참을 우셨습니다.

"하나님! 감사합니다. 하나님! 감사합니다."를 반복하며 하염없이 눈물만 흘렸습니다.

그 할머니는 마을을 한 번도 나가 본적이 없다고 했습니다. 평생 그곳에서 산 것입니다. 정말로 그 할머니는 아무것도 없었습니다. 돈도 없었습니다. 건강도 다 잃어 버렸습니다. 실낱같은 삶의 희망도 없어 보였습니다. 오직 단 하나 하나님만을 붙들고 있었습니다. 평생 인디언 마을에 살면서 복음을 듣고 홀로 믿음을 간직하고 있었던 것입니다.

하나님께서는 이 할머니에게 아홉 명의 위로자를 보내 하나님의 음성을 전하게 하셨습니다. 하나님께서 그 할머니를 얼마나 사랑하고 계시는지를 전하게 하셨습니다. 아무것도 없는 그들에게 아버지의 지극하신 사랑을 전하게 하셨습니다. 선교를 마치고 돌아오는 길에 방언으로 기도하는데 이렇게 통변이 되었습니다.

"내가 그 딸에게 내 사랑을 전하기 위해 너희를 그곳까지 인도한 것이니라."

세상의 눈으로 본다면 너무나 보잘 것 없는 할머니였습니다. 그러나 아버지께서는 그 할머니를 누구보다도 더 뜨겁게 사랑하셨습니다. 그 사랑을 전하기 위해 아홉 명의 위로자를 그 오지까지 보내셨던 것이었습니다. 돌아오는 길 내내 한량없는 아버지의 사랑에 감격하여 가슴이 먹먹해졌습니다.

진정한 예언은 하나님의 마음, 아버지의 사랑을 전하는 것에 기초를

두어야 합니다. 소외된 곳에서 만난 한 영혼에게 하나님의 위로와 사랑을 전하는 것 역시도 예언의 일부라는 것을 반드시 기억해야 합니다. 비록 대단한 자리가 아닐지라도, 비록 대단한 사람이 아닐지라도 하나님께서 천하보다 더 귀히 여기시는 사랑하는 자녀인 것입니다.

진정한 예언은 하나님의 마음을 하나님께서 원하시는 곳에서 선포하는 것입니다. 하나님의 사랑과 마음을 전하므로 그 영혼이 살아나 주님 앞으로 인도되는 것이 진정한 예언인 것입니다.

6. 사울의 예언에 대하여

(사무엘상 19:18-24)

"다윗이 도피하여 라마로 가서 사무엘에게로 나아가서 사울이 자기에게 행한 일을 다 전하였고 다윗과 사무엘이 나욧으로 가서 살았더라 어떤 사람이 사울에게 전하여 이르되 다윗이 라마 나욧에 있더이다 하매 사울이 다윗을 잡으러 전령들을 보냈더니 그들이 선지자 무리가 예언하는 것과 사무엘이 그들의 수령으로 선 것을 볼 때에 하나님의 영이 사울의 전령들에게 임하매 그들도 예언을 한지라 어떤 사람이 그것을 사울에게 알리매 사울이 다른 전령들을 보냈더니 그들도 예언을 했으므로 사울이 세 번째 다시 전령들을 보냈더니 그들도 예언을 한지라 이에 사울도 라마로 가서 세구에 있는 큰 우물에 도착하여 물어 이르되 사무엘과 다윗이 어디 있느냐 어떤 사람이 이르되 라마 나욧에 있나이다 사울이 라마 나욧으로 가니라 하나님의 영이 그에게도 임하시니 그가 라마 나욧에 이르기까지 걸어가며 예언을 하였으며 그가 또 그의 옷을 벗고 사무엘 앞에서 예언을 하며 하루 밤낮을 벗은 몸으로 누웠더라 그러므로 속담에 이르기를 사울도 선지자 중에 있느냐 하니라" (삼상 19:18-24, 개정)

사울 왕은 다윗을 잡기 위해 세 차례에 걸쳐 전령을 라마 나욧으로 보냈습니다. 그런데 다윗을 잡기 위해 파견된 전령들이 예언을 했습니다. 사울 역시도 라마 나욧에 도착하기 전부터 성령에 휩싸여 나중에는 벌거벗은 몸으로 사무엘 앞에 누워 밤낮 없이 예언을 했습니다. 사울과 전령들 모두 이전에 예언을 했던 사람이 아니었습니다. 그들이 이렇게 예언할 수 있었던 것은 예언의 영이 충만한 장소인 라마 나욧이라는 장소가 있었기 때문입니다.

라마 나욧은 사무엘이 라마 지역에 세운 선지자 학교가 있는 지역입니다. 라마 나욧은 성령이 충만한 공동체가 있는 장소입니다. 사울이 예언할 수 있었던 것은 성령이 충만한 장소에 갔었기 때문입니다. 그 순간 라마 나욧의 장소에 충만하게 채워져 있던 예언의 영이 사울에게 임한 것입니다. 이렇듯 성령이 충만한 장소에는 하나님의 임재가 있습니다. 또한 동일하게 하나님의 임재를 느낄 수 있습니다.

이 원리와 동일하게 기도하는 장소에 갔을 때 기도의 영이 임하여 기도할 수 있게 됩니다. 중보의 영이 충만한 장소에 갔을 때 중보의 영을 받게 됩니다. 회개의 영이 강한 곳에 갔을 때 회개하는 마음이 강력하게 생기는 것입니다. 성령의 기름부음이 충만한 장소에 갔을 때 동일한 기름부음을 받을 수 있는 것입니다. 기도가 충만히 쌓인 교회에 갔을 때 기도의 문이 열려 기도하기가 쉬운 것이 예언이 영이 충만한 곳에 갔을 때 예언을 할 수 있는 것과 같은 원리입니다. 우리는 영의 전도체이기 때문에 성령이 충만한 장소에서 강력한 기름부음을 전이 받을 수 있는 것입니다.

성령이 충만한 교회를 살펴 보십시오. 하나님의 임재가 느껴지지 않습니까? 눈물이 쏟아지지 않습니까? 그러하므로 우리의 처소를 늘 기도의 장소로 삼아야 합니다. 우리의 가정과 교회, 우리의 삶의 터전을 하나님의 임재가 내리는 장소로 만들어야 합니다. 날마다 기도하며 그 공간을 하나님의 임재가 가득한 공간, 거룩한 성전으로 만들어야 합니다. 그렇게 할 때 그곳을 출입하는 모든 사람들이 하나님의 임재를 느끼며, 살아계신 하나님을 경험할 수 있는 통로가 되는 것입니다.

7. 사람의 방언과 천사의 말에 대하여

(고전 13:1-2)

"내가 사람의 방언과 천사의 말을 할지라도 사랑이 없으면 소리 나는
구리와 울리는 꽹과리가 되고 내가 예언하는 능력이 있어 모든 비밀과
모든 지식을 알고 또 산을 옮길 만한 모든 믿음이 있을지라도 사랑이
없으면 내가 아무 것도 아니요" (고전 13:1-2, 개정)

여기서 말하는 사람의 방언은 영적인 언어입니다. 천사의 말 또한
영적인 세계의 언어를 의미합니다. 사람의 방언과 천사의 말은 영적인
세계에서 나타나는 것입니다. 이런 영적인 것은 하나님과의 관계에서 일
어나게 됩니다.

또한 모든 능력과 각종 은사들도 하나님과의 관계에서 얻어지는 선
물이며 권능입니다.

만약 하나님께서 누군가에게 이러한 영적인 권능과 권세를 주셨다
면 그 이유가 있습니다. 그 사람의 삶 속에서 하나님의 사랑과 이웃 사
랑(마 22:37-39)을 실천하며 살도록 권능과 권세를 주신 것입니다.

영적 은사들을 통해 삶에서 이웃 사랑이 실천될 때 그것이 올바른
것이며 하나님이 기뻐하시는 것입니다.

그러나 만약 은사와 권능이 나타난다할지라도 하나님의 사랑과 이웃 사랑이 아닌 자신을 드러내는 도구로 쓰인다면 그것은 아무런 의미가 없는 것이 됩니다. 사도 바울은 이러한 것을 소리 나는 구리와 울리는 꽹과리와 같다고 표현하고 있습니다.

사도 바울이 고린도전서를 쓸 때 고린도 교회에서 이런 일이 일어나고 있었던 것입니다.

은사를 통해 교회를 섬기고 이웃을 섬기는 것이 아니라, 누구의 은사가 더 나은지, 은사 자랑을 했던 것입니다. 은사의 본질을 흐리고 있는 고린도 교회 성도들을 향해 사도 바울이 편지를 통해 책망하고 있는 것입니다.

그런데 많은 사람들이 이 구절을 가지고 방언을 비판하는데 사용합니다. 방언보다 사랑이 더 낫다, 중요하다고 말입니다. 그러면서 방언이나 은사 무용론을 주장합니다.

그러나 우리가 알아야 할 것은 이런 태도가 고린도 교회 성도가 범했던 실수를 똑같이 범하는 것이라는 것입니다.

사도 바울이 고린도 교회 성도들을 훈계했던 이유는 성도들이 서로의 영적인 은사를 비교하며 자랑하며 분열되었기 때문입니다.

사도 바울은 어떤 은사가 더 중요한 은사라고 말하지 않습니다. 오히려 모든 은사는 하나님의 사랑(교회)과 이웃 사랑을 돕는 도구가 되어야 한다고 말하고 있습니다. 방언이나 심지어 천사의 말조차도 말입니다.

사도 바울은 은사의 무용론을 말한 적이 없습니다. 오히려 사도 바울은 은사를 통해 교회가 세워지고 은사가 하나님 나라의 확장을 돕기 때문에 성경 곳곳에서 영적인 은사들을 강조했습니다. 방언조차도 무시하지 않았습니다. 오히려 바울은 자신이 누구보다 방언을 많이 하는 것에 대해 감사하다고 말하고,[47] 또한 방언을 금하지 말라[48]고까지 권면했습니다.

하나님의 모든 영적인 은사는 중요합니다. 무시되어서는 안됩니다. 단 그것이 하나님의 사랑과 이웃 사랑을 위해 쓰여지는 것이 아니라 자신의 영광과 은사 비교와 자랑을 위해 쓰여진다면, 그것은 소리나는 구리와 울리는 꽹과리와 같이 무용한 것이 되는 것입니다.

그러나 영적인 은사들, 방언까지도 하나님의 사랑과 이웃의 사랑을 위해 쓰여진다면 하나님을 기쁘시게 하는 것이요, 하나님 나라의 확장을 위한 강력한 영적도구가 되는 것입니다.

---

47) "내가 너희 모든 사람보다 방언을 더 말하므로 하나님께 감사하노라"(고전 14:18, 개정)
48) "그런즉 내 형제들아 예언하기를 사모하며 방언 말하기를 금하지 말라"(고전 14:39, 개정)

8. 천사와 동역하는 기도에 대하여

(단 10:12-13)

천사의 존재

구약성경에 대략 50구절, 신약성경에는 150구절에 걸쳐 천사라는 말이 기록되어 있습니다. 여기에 하나님의 사자라고 번역된 구절까지 포함한다면 성경의 많은 부분에서 천사의 존재에 대해 언급하고 있습니다. 하지만 그리스도인이라 할지라도 실제 천사를 보지 않았다면 믿기 어려울 것입니다.

특히 요새는 영화나 공상과학만화와 같은 황당한 이야기에 천사들이 자주 출연하다 보니 어느새 천사가 상상의 산물이 되어 버렸습니다. 이렇듯 천사의 존재는 여전히 신비한 베일 속에 감춰진 채 상상속의 존재로 남아 있습니다.

이와는 대조적으로 사탄의 조직과 체계[49]에 대한 계시들은 하나님께서 상당부분 풀어주셨습니다. 영적전쟁은 하나님 나라를 확장하기 위해 반드시 수행해야 할 전쟁입니다. 뿐만 아니라 하나님의 선명한 음성

---

49) "우리의 씨름은 혈과 육을 상대하는 것이 아니요 통치자들과 권세들과 이 어둠의 세상 주관자들과 하늘에 있는 악의 영들을 상대함이라"(엡 6:12, 개정)

을 듣기 위해서는 필연적으로 치러야 할 전쟁입니다. 그렇기 때문에 영적전쟁에 대한 부분은 필요에 의해 계시들이 풀어지고 있는 것입니다.

반면 천사의 계시는 하나님의 의도 하에서 여전히 신비한 비밀로 남아 있습니다. 천사들의 계시가 광범위하게 풀어진다면 아마도 우리는 천사를 숭배할지도 모릅니다. 우리의 연약함을 잘 아는 사탄도 광명의 천사로 가장하여 언제든지 우상숭배로서 다가올 수 있습니다(고후 11:14). 천사 숭배는 또 다른 우상 숭배이며 하나님께서 기뻐하시지 않습니다. 우리는 천사를 숭배하지 말아야 하며, 천사를 향해 기도하지도 말아야 합니다. 이런 이유들 때문에 하나님은 아직까지 천사에 대해서는 온전히 풀어주시지 않는 것입니다. 그러나 우리가 기도할 때 천사가 어떤 일들을 수행하는지는 성경을 통해 기록해 주셨습니다.

기도와 천사와의 동역

성경을 면밀히 살펴보면 성도들과 동역하고 있는 천사의 활동상을 볼 수 있습니다. 감옥에 갇혀 있는 베드로를 탈출시킨 천사나(행 12:7-8), 마리아에게 예수님을 잉태할 것이라는 소식을 전한 가브리엘 천사(눅 1:26-31)등 많은 천사들이 성도의 삶속에서 역사하고 있습니다.

우리가 잘 알고 있는 '다니엘의 21일 기도'에서도 천사들이 등장합니다.

"그가 내게 이르되 다니엘아 두려워하지 말라 네가 깨달으려 하여 네

하나님 앞에 스스로 겸비하게 하기로 결심하던 첫날부터 네 말이 응답

받았으므로 내가 네 말로 말미암아 왔느니라 그런데 바사 왕국의 군주
가 이십일 일 동안 나를 막았으므로 내가 거기 바사 왕국의 왕들과 함
께 머물러 있더니 가장 높은 군주 중 하나인 미가엘이 와서 나를 도와
주므로" (단 10:12-13, 개정)

가브리엘 천사가 하나님의 응답을 가지고 다니엘에게 내려오고 있
었습니다. 그런데 악한 영을 상징하는 바사왕국의 군주가 21일 동안
막는 바람에 기도응답이 미루어 졌습니다. 그 때 하나님의 국방부 장관
급인 미가엘 천사장이 와서 큰 싸움이 일어났고 결국 미가엘 천사장이
승리하여 기도응답을 가지고 도착했다는 내용입니다.

여기에서 먼저 다니엘이 기도할 때 '기도를 받는 대상이 누구였는가'
를 살펴보아야 합니다. 천사의 이야기가 나오지만 다니엘은 천사를 향
해 기도한 것도, 도움을 요청한 것도 아닙니다. 다니엘은 오직 하나님
께 간구하며 기도했습니다. 하나님께서 다니엘의 기도를 듣고 그 응답
으로 돕는 천사들을 보내신 것입니다.

하나님께서는 영적 전쟁의 현장에서 미가엘 천사를 보내신 것처럼
군대천사를 보내 주십니다. 사탄의 세력과 세상으로부터 보호하기 위
해 수호천사도 보내 주십니다. 이 모든 것은 기도로서 이루어집니다.
천사들을 통해 그 기도응답이 우리에게 내려오는 것입니다. 하나님께
상달된 기도가 응답으로 떨어질 때 천사가 우리를 돕기 위해 동역한다

는 의미입니다. 우리의 눈에는 보이지 않으나 천사들이 응답을 가지고 내려와 그 기도가 실현될 수 있도록 돕고 있는 것입니다.

열왕기하 6장 15-17절 말씀에도 엘리사와 동역하는 천사의 이야기가 나옵니다.[50] 엘리사 선지자는 아람왕의 미움을 받아 아람 군대에게 붙잡힐 위기에 봉착했습니다(왕하 6:8-23). 아람군대는 엘리사 선지자를 붙잡기 위해 그가 있는 도단성을 에워싸며 진격해 들어오는 상황이었습니다. 이 광경을 본 엘리사의 사환은 두려움에 휩싸였습니다. 두려움에 휩싸인 사환을 위해 엘리사는 '원컨대 저의 눈을 열어 보게 하옵소서!'하며 하나님께 기도했습니다. 그 순간 사환의 눈이 열려 천군천사의 불말과 불병거가 산에 가득하여 그들을 보호하고 있음을 보게 되었다는 내용입니다.

엘리사가 특별한 사람이라 천사들이 엘리사를 보호하며 동역하는 현장을 목도할 수 있었던 것이 아닙니다. 우리 역시도 믿음으로 하나님의 일들을 해 나갈 때 엘리사와 같은 동일한 체험을 할 수 있습니다. 히브리서 1장 14절 말씀대로 천사들은 구원받을 성도들을 돕기 위해 보

---

50) "하나님의 사람의 사환이 일찍이 일어나서 나가보니 군사와 말과 병거가 성읍을 에워쌌는지라 그의 사환이 엘리사에게 말하되 아아, 내 주여 우리가 어찌하리이까 하니 대답하되 두려워하지 말라 우리와 함께 한 자가 그들과 함께 한 자보다 많으니라 하고 기도하여 이르되 여호와여 원하건대 그의 눈을 열어서 보게 하옵소서 하니 여호와께서 그 청년의 눈을 여시매 그가 보니 불말과 불병거가 산에 가득하여 엘리사를 둘렀더라"(왕하 6:15-17, 개정)

내진 존재이기 때문입니다.[51] 때에 따라 엘리사의 사환처럼 우리의 영안을 열어 천사들을 보여 주시기도 하십니다.

한국에 있는 어느 교회에서 집회할 때에 천사들의 동역사역을 실제 목도한 적이 있었습니다. 집회가 끝나갈 무렵 통성으로 기도를 인도하고 있었을 때였습니다. 그때 성령께서 마치 엘리사의 사환과 같이 나의 영안을 열어 집회 현장에 내려온 천사들을 보게 하셨습니다. 어떤 천사는 성도의 심장을 어루만지고 있었습니다. 천사가 심장 부위를 만지는 순간 그 성도는 통곡하기 시작했습니다. 천사의 도움으로 그 성도가 성령의 임재 안으로 들어온 것입니다. 또 다른 천사는 성도들의 머리 위에서 무엇인가를 열심히 붓고 있었습니다. 기도와 중보의 기름부음을 붓고 있었습니다. 그 순간 성도들은 더 강력하게 불을 뿜으며 기도하며 성령님의 강한 임재 안으로 들어갔습니다.

집회 가운데 하나님의 천사들만 존재하는 것은 아니었습니다. 악한 영들 또한 집회 가운데 역사하며 실제로 하나님의 천사들과 전투를 하고 있습니다. 악한 영들은 성도들이 하나님의 은혜에 젖어들지 못하도록 방해하고 있었습니다. 각종 생각을 넣어주며, 하나님의 말씀과 복음이 그들의 심령에 관통되지 못하도록 훼방하고 있었습니다. 천사들과

---

51) "모든 천사들은 섬기는 영으로서 구원 받을 상속자들을 위하여 섬기라고 보내심이 아니냐"(히 1:14, 개정)

악한 영들은 복음을 사이에 두고, 한 영혼의 구원을 사이에 두고 치열하게 전투하고 있었습니다.

때로는 천사들이 집회 장소를 겹겹이 둘러싸 호위하고 있어 악한 영들이 들어오지 못하도록 막기도 합니다. 그럴 경우 집회 현장에서 하나님의 임재가 더 강력하게 나타나게 됩니다. 성도들의 강력한 기도와 회개를 통해 이 땅에서 실제 하나님 나라가 더 강하게 확장되게 됩니다. 영적전쟁에서 승리하게 되는 것입니다.

비단 집회하는 장소에서만 천사와 악령의 존재를 볼 수 있는 것이 아닙니다. 교회와 가정, 내 삶의 터전이 바로 영적 전쟁터인 것입니다. 보이는 세계는 보이지 않는 세계에서 일어나는 현상의 결과입니다. 즉 보이지 않은 영역, 영적 세계에서 이렇듯 끊임없이 전쟁이 일어나고 있는 것입니다. 영적 전쟁의 승패 여부로 승리하는 삶을 사느냐, 구원을 잃어버린 실패하는 삶을 사느냐로 갈라지는 것입니다.

이러한 영적전쟁은 우리의 기도를 통해 수행됩니다. 하나님께서는 우리의 기도를 통해 하나님의 일들을 행하시기로 작정하셨기에 우리의 기도가 올려지는 그 곳이 바로 영적 전쟁터인 것입니다.

베드로를 도왔던 천사처럼, 엘리사를 도왔던 천사처럼 지금도 영적 전쟁의 한 복판에서 천사들은 성도들을 돕고 있습니다. 다니엘의 기도를 통해 악한 영의 상징인 바사왕국이 미가엘 천사장에게 완패 당했습니다. 영적전쟁에서 완전한 승리를 거둔 것입니다. 다니엘의 기도가 없었다면 가브리엘 천사도, 마가엘 천사도 이 땅에 내려오지 못했을 것입니다.

우리의 기도를 통해 천사들이 하나님의 통치를 더 강력하게 일으키게 됩니다. 우리의 기도를 통해 복음의 사각지대에 있는 영혼들을 만져 구원에 이르게 할 수 있습니다. 하지만 영의 존재인 천사는 하나님 나라의 확장을 위해 이 땅에서 단독 사역을 할 수 없습니다. 반드시 우리의 기도가 선행되어야 합니다. 우리의 기도를 통해 천사들과 동역하며 하나님 나라의 통치가 이 땅에 실현되는 것입니다.

3장
교회와 은사, 은사와 성품과의 관계

1. 교회와 은사

어떤 교회에서 은사들이 많이 나타나는가?

얼마 전 미국에 있는 한 교회를 집회 차 방문하게 되었습니다. 그 교회에 대한 정보가 많지 않은 상태로 처음 방문하게 되었습니다. 그런데 교회에 들어서자마자 눈물이 왈칵 쏟아졌습니다. 기도를 하지도, 예배를 드리지도 않았지만 교회 본당 안으로 들어선 순간 성령의 강력한 임재를 느꼈습니다. 제단 앞에서 하나님을 갈망하며 눈물을 뿌리며 기도하는 성도들이 눈에 선하게 보이는 듯 했습니다. 그 교회 안에는 성령님의 강력한 임재가 가득 차 있었습니다. 성령께서 두루 다니시며 친히 운행하시는 성령 충만한 교회였습니다.

성령이 충만한 교회는 하나님을 갈망하는 마음을 불같이 타오르게 합니다. 예수님의 영으로 가득 채워져 스스로 헌신의 자리로 나오게 합니다. 하나님 나라의 확장이 그들의 삶의 목적이 됩니다. 성령의 충만함을 입는다는 것은 일회성의 경험이 아닙니다. 삶의 주권을 하나님께 내어 드리는 삶의 완전한 전환이 일어나는 것입니다.

그 교회의 성도들은 이러한 성령의 충만함을 경험하고 있었습니다. 성령의 충만함을 유지하는 그 교회의 비결이 무엇인지 궁금했습니다. 그 비결은 바로 '예배와 기도'였습니다. 그 교회는 새벽예배뿐만 아니라 365일 매일 저녁예배를 드리고 있었습니다. 매일 제단을 쌓아야 하는 기도원교회가 아님에도 매일 제단을 쌓으며 하나님을 예배했습니다. 특별히 기도를 멈추지 않았습니다. 기도 당번을 정해놓고 릴레이 기도를 하면서 기도의 향연을 멈추지 않았습니다. 3일 집회 동안에 성도들과 교제할 기회가 있었는데 예상대로 방언과 예언, 신유의 은사등 각종 은사들을 풍성하게 경험하고 있었습니다.

이 교회에서 나타난 두드러진 특징은 바로 기도입니다. 매일 예배드리며 기도의 불을 꺼뜨리지 않고 있었습니다.

이처럼 성령님의 임재를 갈망하며 날마다 부르짖는 교회의 성도들은 성령의 충만함을 쉽게 경험할 수 있습니다. 그래서 기도를 중요시하는 교회는 다른 교회보다 상대적으로 방언과 성령의 충만을 경험하는 성도들이 많습니다. 교회 성도들이 방언기도를 통해 교회 위에 포진해 있는 사탄의 견고한 진들을 파쇄하기 때문입니다. 성령님의 임재를 방해하는 사탄의 방해물이 제거될 때 하나님의 임재가 가득하여 은사들을 쉽게 경험할 수 있게 됩니다.

또한 교회의 리더인 목회자가 성령의 은사를 허용하며 환영할 때 은사를 쉽게 경험할 수 있습니다. 특별히 목회자가 은사를 가지고 있다면 목회자의 통로를 통해 교회에 은사들이 부어질 수 있습니다. 그 통로를 통해 성도들 개개인이 은사를 경험할 수 있는 것입니다(행 19:6).

마지막으로 하나님께서는 각 교회의 특성에 따라 은사를 부어 주십니다. 예언의 은사가 강하게 나타나는 교회가 있을 것입니다. 신유의 은사가 강하게 나타나는 교회도 있을 것입니다. 각 교회마다 성령께서 부어 주시는 은사들이 다르게 나타나는 것입니다.

무엇보다도 성령님을 환영하며, 은사들을 귀히 여길 때 성령님은 인격이시므로 그 교회에서 역사하는 힘이 클 것입니다. 성령님을 환영하고, 받아들일 때 더 깊은 영역으로 성령께서 인도하시는 것입니다. 성도 한 사람, 한 사람을 만지시며 은혜를 베풀어 주시는 것입니다. 성령님은 성도가운데 역사하시며 운행하시는 하나님이십니다. 성령님을 환영하며 성령님의 사역들을 활성화시킬 때 성도 가운데 은사들을 선물로 나눠 주시는 것입니다(고전 12:11).

어떤 교회에서 은사들이 나타나지 않는가?

성령의 은사들이 잘 나타나지 않는 교회를 보면 주로 말씀 위주로만 양육하고 있는 경우가 많습니다. 이 시대에는 말씀과 성령이 양 축으로 함께 가야 합니다.[52] 말씀은 신앙생활의 근본과 토양이 되어야 합니다. 하나님의 말씀은 신앙의 토대입니다. 반면 성령은 살아있는 하나님을 강력하게 체험케 하십니다.

말씀 안에 있는 성령께서 실상이 되어 우리를 통치해야 합니다. 그러나 오직 말씀만을 위주로만 양육한다면 성령께서 우리 안에서 역사하시는 것을 때로는 제한할 수 있습니다. 성령의 통치함과 역사하심을 인정하지 않는다면 그 교회 안에서 성령의 은사들이 쏟아질 수 없도록 제한하는 것입니다. 오로지 말씀만을 위주로 양육한다면 살아있는 하나님을 경험할 수 있는 통로를 제한하는 것입니다.

내가 중고등학교 시절 다녔던 교회는 말씀만을 위주로 양육했던 교회였습니다. 그 교회에서는 통성으로 부르짖는 기도를 한다던가, 박수를 치며 찬양하는 것을 금했습니다. 방언 또한 사도행전 시대에 이미 종료된 은사로 마귀방언으로 일축하며 제재했습니다. 예언도 마찬가지

---

52) 여기서 '성령과 함께 간다'는 뜻은 신비적인 체험을 말하는 것이 아닙니다. 말씀 안에 있는 성령의 역사를 인정하며 성령님을 환영하고 받아들이는 것을 말하는 것입니다. 성령께서 역사하실 수 있도록 내 삶을 내어드리며 동행하는 것을 의미합니다. 이렇게 성령님의 역사하심을 제한하지 않는다면 방언은 물론이거니와 여러 가지 은사들을 다양하게 경험할 수 있게 됩니다.

로 성경이 생긴 이후로 폐지되었다는 양육을 받았습니다. 오직 하나님께서 주신 말씀(문자적인 말씀, 성경책)만을 붙들고 살면 된다는 가르침을 받았습니다. 이렇게 양육을 받은 결과 앞에서 나누었듯이 나는 방언이나 영적 세계를 말하는 성도들을 정죄하고 핍박하는 '성령을 모독하는 죄'를 저지르고 말았습니다. 말씀만을 위주로 양육한다는 것은 바로 이 의미입니다. 성령님의 풍성한 은혜를 경험하지 못한 채 문자적인 성경책만을 붙들고 산다면, 얼마가지 않아 완고한 신앙인으로 변모될 수도 있다는 것입니다.

이제는 말씀과 성령이 양 축으로 함께 가야 할 것입니다. 바로 이러한 교회가 생동감 있는 교회, 살아있는 교회, 하늘나라의 통치를 끌어내릴 수 있는 강력한 교회가 되는 것입니다. 말씀을 기둥으로, 하나님의 살아계심을 삶 가운데 체험하여 세상 속에서 복음을 강력하게 증거하는 교회를 하나님께서 지금 찾고 계십니다.

바로 이 차이입니다. 우리가 성령님을 환영하고 받아들이지 않는다면 문자적인 하나님을 바라보는 것이 될 것입니다. 우리 안에 직접 통치자로 일어나 우리의 삶을 주관하시는 하나님을 환영해야 할 것입니다. 그분이 바로 성령하나님이십니다. 성령님을 환영하고 받아들일 때 살아계신 하나님을 경험할 수 있는 것입니다. 성령님의 통치가 그 교회에 일어날 때 은사 또한 활성화 될 수 있는 것입니다.

2. 은사와 성품과의 관계

하나님 나라는 말에 있지 않고 오직 능력에 있습니다(고전 4:20). 하나님의 능력 가운데는 은사도 포함되어 있습니다. 은사는 하나님 나라를 확장하기 위한 도구이기 때문입니다. 하나님께서는 복음의 전파를 위해 은사를 선물로 주시는 것입니다.

우리는 은사로 병든 사람을 치료하며, 귀신을 쫓아내며, 예언과 방언 통변도 할 수 있습니다. 그러나 아무리 이러한 능력을 행할지라도 성령의 열매가 맺어지지 않고 있다면 하나님의 온전한 능력이 아닙니다. 불완전한 능력입니다. 만약 은사자가 성령의 열매를 맺지 못하고 있다면 그 틈으로 사탄이 공격해 올 수도 있습니다. 그렇게 될 때 사탄의 종으로 전락될 수도 있음을 명심해야 합니다.

은사와 성령의 열매와의 관계

"오직 성령의 열매는 사랑과 희락과 화평과 오래 참음과 자비와 양선과 충성과 온유와 절제니 이 같은 것을 금지할 법이 없느니라" (갈 5:22-23, 개정)

성령의 열매를 맺는 주체는 오직 성령님이십니다. 우리의 육신으로는 성령의 열매를 맺을 수 없습니다. 성령께서 내주하심으로 우리를 통치해 갈 때 비로소 성령의 열매들이 맺어지는 것입니다. 성령의 열매는 우리를 쳐서 복종시키며 성령께 내어 드릴 때 열매가 맺어지는 것입니다.

성령께서 은사를 주실 때 성령의 열매를 맺고 있는 사람에게만 주시는 것이 아닙니다. 하나님의 형상으로 회복되기 전까지는 여전히 우리는 불완전한 존재입니다. 온전한 성품으로 거듭나지 않은 육신에 속한 사람인 것입니다. 믿음은 있으나 예수님께 복종되지 않은 상태, 단단한 영의 양식이 아니라 젖을 먹고 있는 단계인 육신에 속한 그리스도인인 것입니다(고전 3:1-3). 성령께서는 이러한 육신에 속한 그리스도인에게도 은사를 선물로 주십니다.

기도의 자리로 이끌기 위해 방언의 은사를 주실 수도 있습니다. 중보기도자에게 영분별의 은사와 지식의 말씀의 은사를 주시기도 하십니다. 은사는 사역의 필요에 따라, 혹은 사모하며 간구하는 사람에게 임하게 됩니다. 성령의 열매를 맺고 있는지의 여부와 관계없이 은사는 임할 수 있으며 사용될 수 있다는 것입니다.

그러므로 우리는 '성령의 열매들이 맺어지는 것'으로 은사자를 판단해야 할 것입니다. 그에게서 나타나는 능력과 표적을 보는 것이 아니라 성령의 열매를 먼저 보아야 할 것입니다. 온유함을 보아야 할 것입니다. 사랑을 보아야 할 것입니다. 희락을 보아야 할 것입니다. 겸손함을 보아야 할 것입니다. 성령의 열매들이 맺어지는지의 여부로 참 선지자와 거짓 선지자를 구별해야 할 것입니다(마 7:15-23).

은사와 영적 교만과의 관계

하나님께서 죽어가는 영혼을 살리며 복음을 전파하기 위한 도구로서 은사를 주셨습니다(고전 12:7). 하지만 이러한 목적으로 은사를 사용하지 않고 개인적인 사욕으로 은사를 활용한다면 성령께서 근심하시게 됩니다(엡 4:30). 육신의 소욕과 물질에 매임으로 그 은사를 사용하고 있다면 성령께서 근심하시며 급기야는 소멸되실 수도 있습니다(살전 5:19). 거룩하신 성령님의 처소는 가증한 것과 더러운 것이 함께 거할 수 없습니다. 거룩하신 하나님이시므로 거룩한 성전에서 임재하실 수 있습니다. 만약 우리가 은사로 말미암아 교만해져서 성령님의 처소가 더러워질 때 결국 성령께서 소멸되실 수밖에 없습니다.

그러나 성령께서 소멸되셨을지라도 은사는 그 사람에게 그대로 남아있는 경우가 많습니다. 비록 죄로 말미암아 성령께서 떠나가셨을지라도 은사의 통로는 여전히 열려 있게 됩니다. 그 은사의 통로를 사탄이 지배하여 사탄의 도구로 잠식해 나갈 수도 있습니다.

> "그 날에 많은 사람이 나더러 이르되 주여 주여 우리가 주의 이름으로 선지자 노릇 하며 주의 이름으로 귀신을 쫓아 내며 주의 이름으로 많은 권능을 행하지 아니하였나이까 하리니 그 때에 내가 그들에게 밝히 말

하되 내가 너희를 도무지 알지 못하니 불법을 행하는 자들아 내게서 떠나가라 하리라" (마 7:22-23, 개정)

본문 말씀에 불법의 종들도 귀신을 쫓아내며 주의 이름으로 많은 권능을 행했다고 기록되어 있습니다. 예수님께서는 이들에게 "불법을 행하는 자들아 내게서 떠나가라" 하셨습니다. 또한 "나는 너희를 도무지 알지 못한다"라고도 하셨습니다. 분명 이들은 주님의 이름으로 귀신으로 쫓아내며 많은 권능을 행했습니다.

그런데 도대체 이들은 어떠한 통로로부터 권능을 받은 것일까요?

앞서 언급했듯이 은사는 성숙한 그리스도인에게만 임하는 것이 아닙니다. 설령 육신에 속한 그리스도인으로 성령의 열매를 맺지 못하고 있을지라도 은사는 임할 수 있습니다. 은사가 임해 병을 치료하고 귀신도 쫓아낼 수 있습니다. 심지어 예언도 할 수 있습니다. 미성숙한 상태로 은사를 계속적으로 사용할 수 있습니다. 이 상태에서 겸손함의 훈련, 자기영광과 의를 내려놓는 훈련을 하지 않는다면 사탄의 공격에서 자유로울 수 없습니다. 사탄은 은사를 통해 복음이 전파되며 하나님 나라가 확장된다는 것을 그 누구보다 잘 알고 있습니다. 그렇기 때문에 사탄은 은사자들을 넘어뜨리기 위해 총공격을 해 옵니다. 교만의 영이 공격해 올 수도 있습니다. 만약 교만의 영의 공격을 받는다면 기적과 표적이 일어날 때 교만해지며 우쭐해지게 됩니다. 은사를 통해 자기 영광과 의를 드러내며 더욱 교만한 자리에 앉으려고 합니다. 이러한 상태가 지속된다면 거룩한 성령께서는 근심하시며 결국 소멸되게 됩니다. 성령께서 소멸되어 떠나가신 그 자리에 사탄은 주인행세하며 들어와 불법의 종으로 잠식해 나가는 것입니다. 불법의 종으로 잠식해 나가면서 사탄은 그들에게 자신의 능력을 쏟아 부어 줍니다.

사탄은 이러한 능력을 줄 수 있는 악한 영의 존재입니다.

"예루살렘에서 내려온 서기관들은 그가 바알세불이 지폈다 하며 또 귀신의 왕을 힘입어 귀신을 쫓아낸다 하니" (막 3:22, 개정)

이 말씀의 이전 배경을 살펴보면, 예수님께서 말 못하게 하는 귀신을 쫓아 내셨습니다. 귀신이 떠나가자 말 못하던 사람이 즉시 말을 했습니다. 이를 본 많은 사람들은 매우 놀랐습니다. 그런데 그중 서기관들이 "이 사람은 귀신의 왕인 바알세불의 힘을 빌려 귀신을 쫓아낸다"라고 말했습니다. 서기관의 말 속에 귀신도 귀신을 쫓아낼 수 있다는 뜻이 내포되어 있습니다. 바알세불의 힘을 빌려 병든 사람도 치료하고 귀신도 쫓아낼 수 있다는 것입니다.

이러한 사례는 점쟁이나 무당을 통해 사실로 확인할 수 있습니다. 무당에게 굿을 하거나 부적을 받았을 때 병이 호전되며 문제가 해결되는 것을 간혹 경험할 수 있습니다. 이것이 바로 바알세불의 힘을 빌려 귀신을 잠잠케 하는 경우입니다.

"너희 말이 내가 바알세불을 힘입어 귀신을 쫓아낸다 하니 만일 사탄이

스스로 분쟁하면 그의 나라가 어떻게 서겠느냐" (눅 11:18, 개정)

그러나 바알세불의 힘을 빌려 귀신을 쫓아낸다는 것은 예수님의 권세로 귀신을 쫓아내는 것과는 본질적으로 차원이 다릅니다. 예수님의 권세로 귀신을 쫓아내는 것은 완전한 승리, 완전한 치유를 의미합니다. 반면 바알세불의 귀신을 통해 귀신을 쫓아내는 것은 더욱 강하게 미혹하여 사탄의 나라를 확장하기 위해 귀신 상호간 협력하는 것입니다.

예수님께서는 "만일 사탄이 스스로 분쟁하면 그의 나라가 어떻게 서겠느냐"라고 말씀하셨습니다. 무당이 굿을 하고 부적을 적어 줄때 그 순간 치유와 회복이 일어날 수도 있습니다. 그러나 더 악한 바알세불의 미혹의 영에게 묶이게 되는 것입니다. 귀신의 왕인 바알세불의 힘을 빌려 귀신을 쫓아내고 병을 치유하는 것은 더 악한 영에게 묶일 수 있는 빌미를 제공하는 것입니다.

이렇듯 사탄은 자신의 나라를 세우기 위해 사람을 도구로 사용하고 있습니다. 그들에게 강한 사탄적인 능력을 쏟아 부어 줍니다. 능력을 쏟아 부어 사탄의 도구로 사용합니다. 이렇게 사탄의 능력의 도구로 사용되는 사람들을 크게 두 부류로 나눌 수 있습니다.

첫째로 예수님께 "불법을 행하는 자들아. 내게서 떠나가라" 라고 책망 받았던 사람의 부류입니다(마 7:23). 이 사람들은 주의 이름으로 선지자 노릇하며 권능도 행했습니다(마 7:22). 분명 자신들은 예수님의 이름

으로 병을 치유하고 귀신을 쫓았던 것입니다. 자신이 하나님의 사역을 하고 있다고 생각하는 것입니다. 그러나 이들에게는 성령의 열매를 찾아볼 수 없습니다. 교만과 자기 영광과 자기의 의를 드러내기 위해 성령의 은사들을 남용한 것입니다. 결국 성령께서 소멸되신 후 사탄이 그들을 잠식하여 사탄의 도구, 불법의 종으로 사용한 것입니다.

만약 성령의 열매를 등한시한 채 은사에만 집중한다면 우리 또한 "불법을 행하는 자들아. 내게서 떠나가라"하신 예수님의 불호령을 들을 수도 있습니다. 성령으로 시작했다가 육체, 즉 악령으로 마친 사례입니다.

둘째로 처음부터 사탄의 도구로 훈련되고 준비된 사람들입니다. 바알세불의 힘을 빌려 귀신을 쫓고 병을 치료하는 흉내를 내는 부류입니다. 여기에 해당되는 사람들은 주로 무당, 주술사, 거짓종교, 이단의 교주등 미혹의 영으로 강력하게 사람을 묶는 부류가 이에 해당됩니다.

우리는 영의 전도체입니다. 우리의 영이 어디를 향해 통로를 여느냐에 따라 하나님의 사람이 될 수 있으며, 마귀의 종노릇도 할 수 있습니다. 영의 통로가 열린 상태로 사탄이 생각을 넣어주며 교만을 심어준다면 성령의 도구가 아니라 불법을 행하는 마귀의 종도 될 수가 있다는 것입니다.

방언을 비롯한 각종 은사는 자기 영광을 받는 도구가 아닙니다. 자신의 사리사욕을 채우는 수단이 아닙니다. 육신의 정욕과 안목의 정욕과 이생의 자랑으로 은사의 본질적인 목적을 잃어가고 있습니다(요일 2:16). 오직 하나님 나라의 확장, 복음이 전파되는 도구로서만 은사가 사용되어야 할 것입니다.

분명 은사는 하나님께서 사랑하는 자녀에게 주시는 좋은 선물입니다. 하나님께 감사하십시오. 더욱 더 훈련하고 성장하여 열매 맺는 성숙의 단계로까지 도약하십시오. 선물로 주신 은사를 통해 죽어가는 영혼을 만지며 하나님 나라가 강력하게 확장되는 것을 꿈꾸십시오. 하나님 나라를 꿈꾸는 한 사람으로 인해 하나님 나라는 반드시 확장될 것입니다.

하나님께서는 자녀 삼으신 우리에게 '기도'라는 특권을 주셨습니다. 그 기도를 통해 놀랍게 일하시는 아버지를 바라봅니다. 기도하며 기대하고 또 기도하며 기다리다 보면 어느새 아버지의 놀라운 기적을 바라보게 됩니다.

기도 - 기대 - 기다림 - 기적……

에필로그

세상에는 두 갈래의 길이 있습니다.

화려하고 넓고 멋진 큰 길…

그 길로 가는 그 순간만큼은 행복합니다.

그러나 그 길의 끝은 낭떠러지 사망의 길이요, 지옥으로 가는 길입니다.

혼자 걷기도 어려운 험난하고 비탈지고 좁은 길…

그 길을 걸을 때 너무 협착하여 넘어져 무릎도 깨지고 쪼그려 앉아 하염없이 울 때도 있었습니다. 그러나 좁은 그 길이 천국으로 통하는 유일한 길이라는 것을 이제는 알아 버렸습니다. 넘어지고 쓰러져도 다시 일으켜 세워주시는 내 삶의 전부되신 예수님이 계시기에 이 좁은 길이 세상에서 가장 아름다운 길입니다.

세상 사람들은 편안한 한국에서, 살기 좋은 미국에서 살지 왜 위험하고 척박한 멕시코 땅까지 와서 사서 고생하냐고 합니다. 그러나 위험한 곳, 가난한 곳, 소외된 곳, 낮은 곳에 하나님의 임재가 있습니다. 하나님의 사랑이 있습니다. 하나님의 마음이 있습니다. 하나님께서 보내신 가장 위험한 곳이 가장 안전한 곳입니다.

나에게 있어 멕시코는 제 2의 조국입니다. 하나님께서 보내신 이 멕시코 땅에 내 삶의 전부를 바치기를 하나님 앞에 서원합니다. 내 생명이 다해 천국으로 이사하는 날, 내 육신의 몸은 뜨거운 이 멕시코 땅에 묻힐 것입니다.

하나님 아버지께 이 모든 영광과 찬양과 경배를 올려 드립니다. 하나님 아버지를 사랑합니다.

하나님의 사람들 시리즈

시리즈 1

하나님의 선물

방언의 숨겨진 비밀

우리는 방언으로 기도하지만, 방언에 얼마나 놀라운 하나님의 선물이 숨겨져 있는지 모른다. 이 책은 방언으로 기도할 때 방언이 어떤 단계로 성숙하는지를 보여주고, 또한 방언에 궁금했던 것들, 영적 원리들을 다룸으로 방언 기도를 통해 하나님께 더 가까이 가도록 돕는 책이다.

시리즈 2

주어진 권세로

영적 세계를 정복하라 • 1

1권은 영적 세계의 전반적인 영적인 원리를 다룬 책이다. 인간 영혼육의 창조 원리를 다루고 사탄이 어떻게 인간에게 침투하는지, 또한 성령님이 우리를 어떻게 성장시키고 양육하는지를 다룬 책이다.

시리즈 3

주어진 권세로

영적 세계를 정복하라 • 2

2권은 영적 세계의 원리를 기반으로 믿는 자들에게 연관된 영적인 적용을 다룬다. 사탄이 어떻게 인간을 공격하며, 성령님은 어떤 방법으로 우리에게 역사하며 소통하는지, 또한 믿는 자들이 어떻게 영적으로 성장해야 하는지 방법을 제시하는 책이다.

시리즈 4

부탁합니다.

제발 자살하지 마세요

오늘도 많은 사람들이 자살을 선택한다. 희망이 없다고 생각하기 때문이다. 에스더 권 선교사는 가족의 세 명을 자살로 잃었다. 절망이 가득찬 삶이었다. 그러나 지금 그녀는 행복하다고 말한다. 무엇이 그녀를 이렇게 만든 것일까?

시리즈 5

하나님의 음성을 듣는 세대여!

일어나라!

"내 양은 내 음성을 듣는다"고 주님은 분명하게 말씀하셨다. 하지만 주변에 하나님의 음성을 듣지 못하는 사람들이 너무나 많다. 왜 그럴까? 그 이유는 하나님께서 어떠한 방법으로 말씀하시는지 잘 알지 못하기 때문이다. 이 책은 하나님의 음성을 듣는 다양한 방법을 성경을 기반으로 명쾌하게 풀어낸 책이다.

시리즈 6

하나님의 치유, 신유의 숨겨진 비밀

"믿는 자에게는 이런 표적이 따르리니, 병든 사람에게 손을 얹은즉 나으리라"(막 16:17-18) 하지만 병자에게 손을 얹어도 잘 낫지 않는다. 왜 그럴까? 성경말씀이 잘못된 것일까? 저자는 하나님의 치유는 지금도 계속되고 있다고 말한다. 어떻게 신유의 은사가 활성화되는지에 대해 이해한다면 신유의 역사는 일어난다고 밝히고 있다. 이 책은 신유의 은사가 실상에서 능력으로 나타나기 위해 반드시 알아야 할 영적인 비밀에 대해 상세하게 풀어내고 있다.

시리즈 7

하늘의 청지기

때로는 우리가 사는 세상에서 어려움에 직면하기도 합니다. 예기치 못한 환란과 풍파를 겪기도 합니다. 그러나 설령 가시밭길을 걸어야 하는 상황일지라도, 모래 바람이 휘몰아쳐 오는 환경일지라도 독수리와 같은 힘으로 비상할 수만 있다면 문제될 것이 없습니다. 오히려 그 고난의 시간이 믿음의 도약이 일어날 절호의 기회입니다.

시리즈 8

성령과 함께 가라

"내가 진작 이것을 알았더라면 내 신앙은 무너져 내리지 않았을 것입니다. 나의 신앙은 무너졌고 10년 동안 종교생활을 하며 첫사랑 타령만 하는 신자가 되었습니다. 다람쥐 쳇바퀴 신자가 되었습니다."
이 책은 어떠한 것들이 우리의 신앙 성장을 방해하는지, 어떠한 과정을 거쳐 신앙이 성장하는지를 명쾌하게 풀어주며 우리의 믿음과 신앙에 불을 지피는 책이다.

시리즈 9

하나님의 마음, 중보기도의 숨겨진 비밀

하나님의 마음을 알고 싶으십니까?
하나님의 탄식을 받고 싶으십니까?
하나님의 마음과 탄식은 중보기도자들에게 주시는 선물입니다. 이 책을 통해 더 깊은 하나님과의 친밀함과 지성소안에서의 중보기도가 회복될 것입니다.

시리즈 10

당신에게 예수님은 누구십니까?

하나님이 누구신지 묻는다면 선뜻 대답하지 못하는 이유는 보이지 않기 때문이다. 보이지 않는 영이신 하나님을 어떻게 인간의 지식으로 풀어낼 수 있겠는가? 인간의 생각으로 어떻게 이해할 수 있겠는가? 이 책은 삼위일체 하나님을 보이는 영역에서 풀어 설명한 책이다. 성부하나님, 성자예수님, 성령하나님이 누구신지 성경을 기반으로 하나님의 인격과 성품, 속성을 잘 표현해 놓은 책이다.

시리즈 11

하나님의 소원, 하나님의 나라가 이 땅에

'하나님의 나라와 의를 구하라'(마 6:33)는 말씀을 심도 있게 풀어낸 책이다. 하나님의 나라가 무엇인지, 의를 구하는 것이 무엇인지, 또한 하나님의 자녀라면 어떻게 살아가야 하는지에 대한 구체적인 제시가 담겨져 있는 지침서와 같은 책이다.

시리즈 12

지금은 성령시대, 성령과 함께하는 영성

성령님에 대한 모든 것이 이 책 한권 안에 고스란히 담겨져 있다. 성령님의 성품과 속성, 베일 속에 감춰져 있던 속사람과 겉사람의 영적전쟁을 비롯하여 성령의 9가지 열매와 은사에 대해 구체적으로 다룬 책이다. 마지막 때 성령의 사람들을 통한 하나님의 일하심이 마치 파노라마처럼 이 책에 녹아져 있다.